Pedagogy of the Oppressed（50th Anniversary Edition）

被压迫者教育学

（50周年纪念版）

[巴西] 保罗·弗莱雷（Paulo Freire） 著

顾建新 张 屹 译

徐 辉 审校

华东师范大学出版社
上海

图书在版编目(CIP)数据

被压迫者教育学：50周年纪念版/(巴西)保罗·弗莱雷
著；顾建新，张屹译. —上海：华东师范大学出版社，2020
ISBN 978 - 7 - 5675 - 9986 - 4

Ⅰ.①被… Ⅱ.①保…②顾…③张… Ⅲ.①教育学
Ⅳ.①G40

中国版本图书馆 CIP 数据核字(2020)第 027485 号

上海市版权局著作权合同登记　图字：09 - 2017 - 1109 号

被压迫者教育学(50 周年纪念版)

著　　者　[巴西]保罗·弗莱雷
译　　者　顾建新　张　屹
责任编辑　孙　娟
责任校对　李琳琳　时东明
装帧设计　刘怡霖

出版发行　华东师范大学出版社
社　　址　上海市中山北路 3663 号　邮编 200062
网　　址　www.ecnupress.com.cn
电　　话　021 - 60821666　行政传真 021 - 62572105
客服电话　021 - 62865537　门市(邮购)电话 021 - 62869887
地　　址　上海市中山北路 3663 号华东师范大学校内先锋路口
网　　店　http://hdsdcbs.tmall.com

印　刷　者　上海盛隆印务有限公司
开　　本　787毫米×1092毫米　1/16
印　　张　12
字　　数　189 千字
版　　次　2020 年 6 月第 1 版
印　　次　2023 年 9 月第 6 次
书　　号　ISBN 978 - 7 - 5675 - 9986 - 4
定　　价　52.00 元

出 版 人　王　焰

(如发现本版图书有印订质量问题，请寄回本社客服中心调换或电话 021 - 62865537 联系)

致被压迫者
及与其患难与共、并肩战斗者

目　录

被压迫者教育学存在的理由；压迫者与被压迫者之间的矛盾，以及如何克服这对矛盾；压迫与压迫者；压迫与被压迫者；解放：不是一种恩赐，也不是一种自我实现，而是一个交互过程

作为压迫手段的储蓄式教育观——其前提预设——一点评论；作为解放手段的提问式教育观——其前提预设；储蓄式观念与师生之间的矛盾；提问式观念与师生之间矛盾的超越；教育：一个交互过程，以世界为媒介；人作为不完善的存在，意识到自身的不完善，并力图实现更充分人性化

中文版导言

徐　辉　张燕军

　　第二次世界大战结束后,世界进入了一个大发展、大分化、大革命的时期,旧的世界秩序日渐瓦解,新的世界秩序逐渐形成。这一时期世界发展的一个重要特征是,帝国主义殖民统治体系分崩离析,世界工人运动风起云涌,殖民地国家纷纷摆脱宗主国的统治走向独立,一些国家坚定地走上社会主义道路,开启了人类历史上最伟大的社会实验。在此过程中,新旧制度的斗争异常激烈,各种思想的交锋也可谓波澜壮阔。在拉美,一些国家也掀起了反对社会压迫、争取人民自由的解放运动。正是在此背景下,不仅涌现出高举批判资本主义社会制度旗帜的"新马克思主义"理论,还形成了以批判外来殖民统治和内部阶级压迫为特征的"被压迫者教育学"思潮——这一思潮的典型代表人物就是本书的作者,巴西教育家保罗·弗莱雷(Paulo Freire)。

　　保罗·弗莱雷于 1921 年 9 月 19 日出生在巴西东北部累西腓市(Recife)的一个中产阶级警官家庭。该市所在的伯南布哥州是巴西乃至整个拉美地区最为贫穷的地区。受 1929 年世界经济"大萧条"(Great Depression)影响,弗莱雷一家经济状况急转直下,不得不于 1931 年迁往距离累西腓市 18 公里远的热博阿陶(Jaboatao),过起了与当地农民一样的生活。弗莱雷 13 岁时,父亲去世。读中学时,他不得不边学习边兼做语法助教。在母亲的影响下,弗莱雷从小笃信天主教。家庭遭遇和童年辛酸的生活,使他 10 岁便开始反思社会上普遍存在的贫富差异、阶级差别和社会不公问题①,立志改善穷苦百姓的生活。

　　1943 年,弗莱雷开始在累西腓大学学习法律。借此良机,他广泛阅读了哲学(特别是现象学)、语言心理学等书籍以及马克思的著作和天主教作品,深入思考了各种社会问题。其间,为维持生计,他不得不几次中止学业。② 1944 年,弗莱雷开始在母校中学教葡萄牙语。同年,弗莱雷与小学教师埃尔莎(Elza Maia Costa Oliveira)结婚(他们后来育有两女一子),并从此开始对教育问题产生兴趣。③ 乔托(Gadotti)指出,是埃尔莎鼓励弗莱雷满怀激情地进行研究和学习,也是在她的帮助下,弗莱雷才得以形成他开创性的教育方法④。1946 年,弗莱雷被任命为伯南布哥州"教育文化社会服务部"(the Department of Education and Culture of the Social Service)主任,负责扫盲教育,开始更广泛地致力于提高贫困者素质的教育事业。

　　1947 年,一起案件改变了弗莱雷的职业生涯。一名牙医因无力偿还银行贷款,想通过贿赂弗莱雷打赢官司。这件事让弗莱雷认识到,法律服务于人们的基本需求,不可或缺,但它必须以道德、尊严、正义和教育为基础。弗莱雷告诉妻子埃尔莎,他将放弃律师职业,妻子完全赞同,并且说道"我早就希望如此,你是教育工作者"。⑤ 此后不久,弗莱雷因工作出色而受邀到巴西私立非营利性组织"工业社会服务社"(The Social Service of Industry, SESI)工作。在该社工作的 10 年中,他深入基层,指导学生及其家长参与讨论社会和教育问题,以唤醒工人的社会责任意识。由于工作出色,他被任命为该社教育和文化部主任。1957 年,他又被任命为该社"伯南布哥区域分会研究规划部"(Pernambuco Regional Chapter's Division of Research and Planning)主任。新职务使他有机会遍访巴西东北部地区,更全面了解当地贫困工人的生活境遇。弗莱雷在晚年出版的《希望教育学》一书中提到,这 10 年的经历、学习、反思和实践是《被压迫者教

① Peter Lownd. A Brief Biography of Paulo Freire [EB/OL]. [2013 - 11 - 06]. Paulo Freire Institute UCLA. http://www. paulofreireinstitute. org/.
② 毕淑芝,王义高. 当今世界教育思潮[M]. 北京:人民教育出版社,1999:241.
③ Peter Lownd. A Brief Biography of Paulo Freire [EB/OL]. [2013 - 11 - 11]. Paulo Freire Institute UCLA. http://www. paulofreireinstitute. org/.
④ Leslie Bentley. A Brief Biography of Paulo Freire [EB/OL]. (1999 - 12 - 01) [2013 - 12 - 04]. http://ptoweb. org/aboutpto/a-brief-biography-of-paulo-freire/.
⑤ Freire, P., A. M. A. Freire. Pedagogy of hope: reliving Pedagogy of the Oppressed [M]. New York, Continuum, 1994:14 - 17.

育学》主要思想的来源,《被压迫者教育学》从设计到内容都与这段经历密不可分。弗莱雷在从事扫盲工作中深入思考,不断总结,逐渐形成"觉悟"(conscientization,原葡萄牙语为 conscientização)理论和解放教育理论,并摸索出了一套行之有效的教育方法。他努力推进教育革新,积极参与天主教民众运动。鉴于此,累西腓大学聘请他担任兼职的教育学教学工作。弗莱雷在大学中积极支持当时的学生运动,他认为这是巴西向民主化社会转变的一个必要的和重要的部分。[①]

1959 年,弗莱雷完成了博士学位论文《巴西教育现状》,但由于他在其中批评大学组织管理守旧、教学脱离时代,论文没有获得大学委员会通过。依靠友人累西腓大学副校长阿尔弗雷德·冈查弗斯·达·考斯塔·利马(Alfredo Goncalves da Costa Lima)的关照,弗莱雷得以继续在该校工作。[②] 此后,弗莱雷继续积极从事成人教育和工人培训工作,并于 1961 年被任命为该校"文化推广部"(the Department of Cultural Extension)主任。次年,在他精心指导下,参加成人培训的 300 名种蔗工人仅用 45 天就明显提高了读写能力,这一事实证明弗莱雷的教育理论和教学方法是颇为有效的。1963 年,巴西古拉特总统任命弗莱雷负责推广全国扫盲计划。弗莱雷雄心勃勃,率人从波兰进口 3 500 台幻灯机,在全国设立 20 000 个"文化圈"(culture circle)[③],在每个州为"文化圈"协调人举办为期 8 个月的培训。[④] 在政府的大力资助下,巴西全国成立了数千个"文化圈",推广使用弗莱雷的成人扫盲教育方法。

1964 年,正当弗莱雷踌躇满志、大显身手之际,巴西发生军事政变。由于弗莱雷的扫盲计划不仅教会了农民读写技能,还提升了他们的政治觉悟和民主意识,促使他们不再安于现状,这就从根本上"侵害"了当权者的利益。新上台的军人独裁政府视弗莱雷为"眼中钉",遂以"叛国"、"煽动革命"的罪名将他关入监狱 75 天。随后,又迫使他流亡海外长达 16 年之久。流亡期间,他先后到了玻利维亚、智利、美国等国家。尽管遭遇不幸,弗莱雷并没有停止思考教育和社会问题。1965 年,他在智利完成了自己

---

① 毕淑芝,王义高. 当今世界教育思潮[M]. 北京:人民教育出版社,1999:242.

② 同上注。

③ "文化圈"(culture circle)是弗莱雷建立的两类基层成人教育推广组织之一,另一类为"文化中心"(culture center),旨在通过小组讨论等形式促进大众教育和文化传播。

④ 毕淑芝,王义高. 当今世界教育思潮[M]. 北京:人民教育出版社,1999:242.

的第一部重要著作《作为自由实践的教育》，该书 1967 年在里约出版。在这部著作中，弗莱雷不仅总结了早期扫盲工作经验，还进一步提出了"解放教育"的思想。虽然该著作产生了很大影响，但弗莱雷仍然因为该书没有论及政治而感到不满。1969 年，在考察智利土地改革的基础上，弗莱雷完成并出版了《推广还是交流》一书。该著作探讨了发展中农业国家技术人员与农民的关系。弗莱雷认为，单向的文化推广具有"侵入"性，而双向的文化交流则能促进人的意识的发展。所以，他反对前者，而力倡后者。他认为，农业学家不应该仅仅满足于为农民提供技术支持，还应走进农民的生活世界，通过相互对话等教育方式改变他们的生活态度，使他们获得解放。此外，弗莱雷还积极帮助其他国家实施大众教育（popular education）和扫盲改革。他对成人扫盲和培训工作的贡献得到了国际社会的认可。继 1967 年应邀到美国几所大学演讲之后，弗莱雷又于 1969 年受邀前往美国哈佛大学访问。借此良机，他追忆了与巴西被压迫者的关系，反思了智利社会文化历史，梳理了压迫者和被压迫者的种种关系，最终在此基础上完成了后来享誉世界的著作——《被压迫者教育学》。此书第二年便以英语和西班牙语出版。弗莱雷认为，这是他最主要的著作，也是他著作中组织结构最严谨的一本。正是在此书中，他明确提出了教育即解放的主张。此后，他移居日内瓦，受聘担任世界基督教会联合会（World Council of Churches）第三世界教育特别顾问。他的活动和影响范围也因此扩大到秘鲁、尼加拉瓜、安哥拉、伊朗、莫桑比克、印度、巴布亚新几内亚、几内亚比绍、圣多美和普林西比、意大利、加拿大、澳大利亚等国家。

1979 年，巴西政府宣布大赦。次年，弗莱雷终于结束流亡生涯回到祖国。回国后，弗莱雷先后担任了劳工党威尔森·平海罗（Wilson Pinheiro）基金会总裁、圣保罗天主教大学和圣保罗州立大学教育系教授、圣保罗市教育局长等职务。这期间，他还出版了《教育政治学：文化、权力与解放》《解放教育学：关于改造教育的对话》《扫盲：阅读文字与世界》《学会质疑：解放教育学》等著作。弗莱雷一生经历坎坷，阅历丰富，勤奋多产，可以说把毕生的精力都献给了教育事业。1997 年 5 月 2 日，弗莱雷因心脏病发作在巴西圣保罗辞世。

曲折坎坷的人生经历和颠沛流离的流亡生活，深刻地影响了弗莱雷教育思想的形成与发展，从而影响了他关于教育、学生和教师等一系列问题的看法。他认为，实践性和政治性是教育的两大特性。统治阶级为了维护既得利益，总是要通过学校教育培养他们所需要的人才,传播他们的思想意识;他提出,生命构成了教育的起点与过程,在教育过程中,应把学生看作平等交流的生命个体,看作师生相互学习的一方,而不应该视其为盛装知识的容器;他主张,作为教育和文化工作者,教师不仅要正确认识自己,了解和尊重学生,还要做与学生共同成长的"良师益友",同时担负起改造社会的责任;此外,教育还应该为社会"边缘人"多做实事,帮助他们改变命运。**就教育观而言,弗莱雷认为教育具有两大特性——实践性和政治性。**

在实践方面,弗莱雷认为,将知识付诸行动至关重要。唯其如此,人们才能够积极改变所赖以生存的社会。在教育过程中,人们应该采取积极主动的方式对待知识,应该采用提问式(problem-posing approach)教育,积极成为知识的建构者。应该鼓励人们参与书面交流、小组讨论、艺术表演和音乐欣赏等活动,并在这些活动中用个人知识和经验参与教育互动。[①] 弗莱雷还提出了教育实践活动的最终目的——教育即解放。一方面,教育与解放具有共性。弗莱雷在《被压迫者教育学》中指出,教育是一个交互过程,解放既不是恩赐,也不是自我实现,而是一个交互过程。[②] 另一方面,教育是以解放为目的的。弗莱雷批判当时社会的储蓄式教育(banking education)把学生视为被动"接收"知识的无知者。他认为,学生"存储"教师"灌输"的知识越多,就越不能形成批判意识。弗莱雷提出,应该摈弃储蓄式教育,代之以提问式教育,以唤醒人们对世界问题的批判意识,鼓励人们不断反思自身的生存方式,进而把教师和学生从"驯化教育"中解放出来。在政治方面,弗莱雷提出了教育即政治的观点。他认为,政治具有教育性,教育也具有政治性,教育是政治行为,政治是教育的灵魂。[③] 他在《解放教育学:关于改造教育的对话》中指出,"教育既是获取知识的途径,也是一种政治行为,所以,没有教育学是价值中立的"。[④] 在政治立场上,弗莱雷不仅自己明确宣称为被压迫者的解放而工作,还积极鼓励教师与被压迫者站在同一阵营。他甚至提出,教师如果不是来自被压迫者阶层,就应该实行"阶级自裁"(class suicide),即摒弃阶级出身,彻底投

---

① Freire Institute. Paulo Freire [EB/OL]. [2013 - 11 - 11]. http://www.freire.org/paulo-freire/.

② Freire, P. translated by Myra Bergman Ramos, Pedagogy of the oppressed (30th Anniversary Edition)[M]. Preface.

③ Freire, P. The Politics of Education [M]. London: Macmillan, 1985: 188.

④ Freire, P. A Pedagogy for Liberation——Dialogues on Transforming Education [M]. Bergin and Garvey Publishers, Inc. 1987: 12.

身于被压迫者的解放事业。

总之,在弗莱雷的教育思想中,"教育即政治"与"教育即解放"是手段和目的的关系,两者密不可分。弗莱雷明确主张教育即政治,目的是希望通过教育帮助人们认识自己与社会,从政治上来解放自己,[①]因此,从根本意义上说,弗莱雷的核心思想和主要观点就是"教育即解放"。

就学生观而言,弗莱雷的思想主要包含下述三方面内容:

首先,教育的起点是生命,其一大功能是使生活于社会中的人成为"自为存在"(beings for themselves)。弗莱雷认为,被压迫者不是脱离社会的"边缘人"(marginals),而是本就生活在社会结构"内部"。在这一具有压迫性的社会中,他们因屈从压迫完全依赖他人,而失去了自主决定权,成为"为他存在"(beings for others)。解决方案不是将他们"整合"到社会压迫结构中,而是改变这一结构,使他们成为"自为存在"[②]。现实中,人们受教育水平参差不齐,甚至差异巨大,这是社会不公平的表现。那些"社会不幸者"更容易遭受不公正的待遇,他们成为弗莱雷扫盲教育和大众教育的主要关注对象。在弗莱雷看来,他们不是社会福利的"被动接受者",而是客观地生活在社会中的人。教育的一大功能在于改变社会压迫的现状,以使他们成为"自为存在",而不是要将他们"融入"或"纳入"社会压迫结构。被压迫者只有脱离社会压迫"囹圄",才能获得真正发展。

其次,不应把学生看作存储知识的容器,而应视其为平等交流的个体。在《被压迫者教育学》一书中,弗莱雷批判了储蓄式教育的弊病。他指出,教育正承受讲授这一弊病的损害,讲授把学生变成了"容器",变成了可任由教师"填塞"的"存储器"。教师往容器里装得越满,就越是好教师;这些"容器"越是顺从地接受填塞,就越会是好学生。[③] 这种教育脱离探究,无法使人成为真正的人,是缺乏创造力和改革精神的表现。弗莱雷认为,学生之所以是平等交流的个体,主要有两方面的原因:一方面,从生存需求角度看,一个人要生存就必须与他人和衷共济,并进行真正的交流,而真正的交流只

---

① 张琨. 教育即解放——弗莱雷教育思想研究[M]. 福州:福建教育出版社,2008:2.

② Freire, P. Pedagogy of the Oppressed (30th Anniversary Edition) [M]. New York, London: Continuum, 2000:161.

③ [巴西]保罗·弗莱雷. 被压迫者教育学[M]. 顾建新,等,译. 上海:华东师范大学出版社,2001:24.

有在平等的个体之间才能展开；另一方面，从探求新知的过程看，只有通过人类在世界上、人类与世界一道以及人类相互之间永不满足的、充满耐心和希望的不断探究，知识才能产生。① 教师和学生只有相互承认各自主体的平等与独立，才能在思想的交流和碰撞中擦出知识的火花。而在储蓄式教育中，只有自以为知识渊博的人在赏赐知识给在他们看来一无所知的人。必须摈弃这种教者和被教者之间的不平等关系，也必须建立起两者平等交流的合作关系。

第三，人是文化和历史的创造者，教师和学生是相互学习的对象。弗莱雷认为，人类是不完美的，有成为完美人的"本体论使命"。在完成使命的过程中，人类创造了和正在创造着自己的文化和历史，并成为"历史—社会的存在"。学习既是人类完成使命的途径，也是其追求文化和自由的行动。教师和学生也是未完成的人，在教育过程中他们双方都必须多多地彼此学习。② 弗莱雷在《被压迫者教育学》中指出，教育必须从解决教师与学生这对矛盾入手，通过调解矛盾双方，让他们同时互为师生。③《被压迫者教育学》还向我们传递了这样的信息："技术发达的社会使个人——尤其是处于下层的人们——被严格地驯服，这对我们十分有害。一个新的下层社会由此产生，每个人都应对这种情况作出慎重而积极的反应。"④因此，社会越发展，教师越应该审慎地反思社会和教育问题。唯其如此，教师才能从思想和行动上将学生视为相互学习的对象；也只有这样，学生才能满怀自尊、积极性和学习热情，与教师一道创造文化、书写历史。

就教师观而言，弗莱雷的思想亦可概括为三个方面：

首先，教师应该从三个方面正确认识自己，尊重学生。弗莱雷认为，教师要从三个方面正确认识自己。一要认识到自身的局限性。"人非圣贤，孰能无过。"教师跟常人一样都是不完美和容易犯错误的，关键是要正确认识这一点，并采取积极的态度工作。二是不要妄自尊大，自尊心过强。教师自尊心过强不仅妨碍其保持谦逊的品质，还容易使其在教学中遇到学习者质疑时受到不必要的伤害。三是要向学生证实自己实事

① [巴西]保罗·弗莱雷. 被压迫者教育学[M]. 顾建新，等，译. 上海：华东师范大学出版社，2001：25.
② [英]乔伊·帕尔默. 教育究竟是什么？100 位思想家论教育[M]. 任钟印，诸惠芳，译. 北京：北京大学出版社，2008：482.
③ [巴西]保罗·弗莱雷. 被压迫者教育学[M]. 顾建新，等，译. 上海：华东师范大学出版社，2001：25.
④ 同上注，2001：1—2.

求是的态度。作为学习的主体,学生有权利对教学质疑,而作为与学生共同成长的伙伴,教师有义务证实自己所言为实。在此前提下,教师要了解和尊重学生。弗莱雷认为,不同的人身份不同,文化特点各异,要有效地帮助学生学习,就必须去了解学生的认知方式和已经掌握的知识。在此基础上,教师还要尊重学生。这就是,要认同学生的文化差异,尊重他们的思想和行为。而要做到这一点,就要在向学生提供多种选择的同时,向学生展示自己的选择过程和依据。

其次,教师不是家长,而应成为学生成长的伙伴。20 世纪下半叶,巴西教师,特别是女教师,出现了逐渐向父母角色转化的倾向。有鉴于此,弗莱雷在《作为文化工作者的教师——致勇于从教者》一书中明确区分了教师和家长角色的不同。他指出,养育子女不是一种职业,而教学却是一种职业;教学包含明确的任务,在实施上也有具体要求,就鼓舞学生而言,还具有一定的战斗性。弗莱雷认为,作为公民,学生应学习如何争取自己的权利和履行自己的义务,这包括做出选择和决定、揭露真相、自我做主等。教师应该通过游戏、故事等激励学生,帮学生理解教育活动和社会实践的一致性。教师要履行好这一职责,最好的途径就是通过实施提问式教育与学生共同成长。弗莱雷认为,师生之间不是"权威—服从"的关系,而是"平等—互学"的关系。他在阐述提问式教育思想时指出,教师不仅仅是教学者,而且是一个他本人在与学生的对话中的被教者,学生在被教的同时也在教人。[①] 在此认识基础上,教师要想成为与学生共同成长的伙伴,还须言行一致。弗莱雷指出,儿童对于教师言行不一非常敏感;教师一边抗议行政管理者对他们教学自由的限制,一边又拙劣地限制学习者的自由,其教育成效可想而知。

再次,作为文化工作者,教师应该担负起改造社会的责任。弗莱雷借用法国诺贝尔生理学或医学奖获得者、生物学家弗朗索瓦·雅各布(François Jacob)的话指出,"教育也是表达文化的一种方式,通过教育,我们能够或多或少地开发印刻在染色体上的可能性"。[②] 这里,"染色体"的主体,既是个体,又是社会。可见,开发个体和社会的潜能,是教师作为文化工作者的重要职责所在。事实上,弗莱雷曾明确指出,改造社会既

---

① 毕淑芝,王义高. 当今世界教育思潮[M]. 北京:人民教育出版社,1999:258.

② Freire, P. Teachers as cultural workers: letters to those who dare teach [M]. Boulder, Colo., Westview Press, 1998:125.

是教育的内在要求,也是社会对教育的需求。他在致"勇于从教者"的信中写道,教学的难处在于其既蕴含教育性,又追求求知的激情,包含了对公平、公正、自由等价值的理解和追求。因此,弗莱雷强调,勇于从教者必须有能力为公平而战,必须创造学校教育的有利条件。这项任务虽令人愉快,但也面临严峻的智力挑战。在弗莱雷看来,贫困现象是残酷和不公平的,它会直接、全面地对学生产生消极影响。因而,教师应下大力气,借助知识探索和教育手段努力减少穷困。① 教师不能放弃减轻社会疾痛的责任。

综上所述,弗莱雷的教育思想具有以下几个特点:

第一,强调实践性和针对性。如前所述,弗莱雷特别看重实践的价值和理论的针对性。他认为,人区别于动物的显著标志是实践的存在,"实践是一种来回于意识与世界间的辩证运动"②。实践不是盲目的而是明智的行动(informed action),是"改造现实的真正反思与行动",是知识与创造的源泉。只有通过历史的、现实的行动,才能实现目标。人们通过这样的实践行动创造物质产品、社会制度、思想与概念。弗莱雷的这一认识,与他的成长经历密切相关。他在其后期著作中曾回忆道:"在我提出问题时,我不得不面对童年时代我的家乡巴西东北部的社会现实。由于家庭的经济境况,我成长的时代异常艰难。作为一个年轻人,与劳动者、农民和渔民一道工作,我更加认识到了社会阶级之间的差别。"③基于对成长经历的深刻反思,对知识和社会的理性认识,弗莱雷坚持在实践中发现具体问题,强调教学工作应有明确的实践指向性。20世纪后半期,巴西统治者坚信,父母不会牺牲孩子的发展而鼓动孩子上街游行,威胁统治秩序。因此,政府不断强化教师的家长角色,希望教师成为维护社会统治秩序的工具。弗莱雷忧心忡忡地指出,这不仅降低了教师的地位,还贬低了教育的价值。更为糟糕的是,统治当局通过把教师当作家长代理,不仅使教师难以通过罢工等方式改变不公正的处境,还剥夺了学生作为公民可能接受优良教育的权利。④ 弗莱雷所倡导的扫盲

---

① Freire, P. Teachers as culture workers: letters to those who dare to teach [M]. Boulder, colo., westview Press, 1998: 7.

② [巴西]保罗·弗莱雷. 希望教育学　重现《受压迫者教育学》[M]. 方永泉,等,译. 台北: 巨流图书股份有限公司,2011: 115.

③ Freire, P. The Politics of Education [M]. Greenwood Press, 1984: 175-177.

④ Freire, P. Teachers as cultural workers: letters to those who dare teach [M]. Boulder, Colo., Westview Press, 1998: 7.

教育也凸显了实践性和针对性的特点。他反对将扫盲仅仅看成是教成人读写的技术行为，而是将它与扫盲对象的实际生活联系起来，通过扫盲唤起他们主体意识的觉醒。①

　　第二，注重批判意识的价值。弗莱雷认为，不同于动物"自在存在"（beings in themselves），"人能把生活（live）转变成存在（existence）"②，而且"人的存在具有历史性"，人是"意识的存在"（conscious beings）③。两者的区别在于：动物缺乏自我意识，其活动不具有目的性，无法把它们自己和其所依托的对象世界区别开来；人能通过意识把自己从对象世界和所进行的活动中分离出来。有鉴于此，弗莱雷在其著作中反复提到"觉悟"（有译者称为"觉醒"）这一重要概念，即意识的提升④，意在通过教育唤醒人的主体意识。他认为，人的主体意识有三个层次：神秘意识、幼稚意识、批判意识（critical consciousness），而批判意识是人最高层次的主体意识。有批判意识的人对问题理解深刻，有自信心、责任感，接受能力强。此外，弗莱雷还强调，"意识的觉醒也不应该只停留在现实的揭露。只有当揭示现实的实践伴随着现实改变实践的动态、辩证的统一体，意识觉醒的确实性才将会到来"⑤。如果说实践是人类社会发展的动力，那么，在弗莱雷看来，批判性实践则是最根本的动力。"人的本质是社会与历史建构出来的"⑥，"通过人的不断实践，他们同时在创造历史，并成为历史—社会的存在"⑦。他曾指出，"除非对话者进行批判性思考……否则不可能有真正的思考"；"要想获得真正的自由，就要学会如何否定"。可见，弗莱雷认为，提高人们的觉悟，唤醒人们沉睡的批判意识，既是教育的主要目的，也是人们获取自由的必然途径。《哈佛教育评论》曾指出，通过批判，弗莱雷不仅提高了人们的意识水平，还使人们参与到了批判所促成的解放

---

① 毕淑芝，王义高.当今世界教育思潮[M].北京：人民教育出版社，1999：242.
② [巴西]保罗·弗莱雷.希望教育学　重现《受压迫者教育学》[M].方永泉，等，译.台北：巨流图书股份有限公司，2011：105.
③ [巴西]保罗·弗莱雷.被压迫者教育学[M].顾建新，等，译.上海：华东师范大学出版社，2001：65.
④ [巴西]保罗·弗莱雷.希望教育学　重现《受压迫者教育学》[M].方永泉，等，译.台北：巨流图书股份有限公司，2011：115.
⑤ 同上注，2011：112.
⑥ 同上注，2011：105.
⑦ 毕淑芝，王义高.当今世界教育思潮[M].北京：人民教育出版社，1999：249.

过程。①

第三，坚持平等交流与对话。弗莱雷认为，人的学习和认识过程兼具个体性和社会性两大特征，而作为认识途径的对话则是这一过程不可或缺的组成部分。② "对话是人与人之间的接触，以世界为媒介，旨在命名世界。""命名世界"就是认识和改造世界。在弗莱雷看来，这"不是少数几个人的特权，而是人人享有的权利"。③ 因此，作为认识和改造世界途径的对话也应该体现出平等性。具体到教育领域，他进一步指出，知识不是教师恩赐给学生的礼物，而是彼此交流和学习的产物。教师和学生应该平等交流和相互学习。为克服储蓄式教育单向交流的弊病，弗莱雷极力提倡对话式和提问式的双向乃至多向教育交流。他认为，作为人类实践的重要形式，对话是人们针对共同的学习与行动任务而进行的接触。它既是相互尊重的合作活动，也是增强社会凝聚力和创造社会财富的过程。对话不仅能有效地促进人们理解和改造主客观世界，还能引领人们为迈向公平、昌盛的社会采取进一步行动。弗莱雷本人主要通过"提问"、"对话"等方式开展扫盲教育，在巴西等拉美国家提高了无文化者和底层人士的觉悟。

第四，注重创新性和创造。在《被压迫者教育学》等著作中，弗莱雷创造性地提出了一些新概念。例如，"储蓄式教育"——学习者被填塞预先选定的知识；"觉悟"——学习者在教育过程中逐渐形成批判意识，认识到自己的主体性，并最终获得解放；"沉默文化"(Culture of Silence)——因受统治者强势文化的控制而丧失了批判性反思的途径和能力，等等。此外，他还赋予"旧词"以新意。例如，在他看来，"实践"(praxis)一词是指理论和实践之间的关系，是对世界的批判性思考以及与随之发生的行动之间的关系。④ 同时，他还在实践中为扫盲教育和大众教育探索出了一些行之有效的新途径。例如，压迫者往往通过把一些概念神秘化来迷惑平民大众，并使他们失声。弗莱雷认为，有必要对这些概念作些"解密"和"还原"工作，即将这些概念放在一

---

① Freire, P. The Politics of Education [M]. Greenwood Press, 1984, back page.

② Paulo Freire and Donaldo Macedo, "A Dialogue: Culture, Language, and Race"[J]. Harvard Educational Review, vol. 65, no. 3, fall 1995: 379.

③ [巴西]保罗·弗莱雷. 被压迫者教育学[M]. 顾建新, 等, 译. 上海: 华东师范大学出版社, 2001: 38.

④ Freire, P. Culture Action for Freedom(2000 Edition)[J]. Harvard Educational Review, 1970: 3.

定的社会历史文化背景中来审视,[①]以唤醒善良人们的反思和批判意识。即使到晚年,弗莱雷都还在创造性地完善他的阶级分析法。他后期著作明显更强调用聚合理论框架对压迫进行分析,其中,种族、阶级、性别、文化和语言等都是重要的影响因素。

第五,关注社会底层和弱势群体。在弗莱雷看来,文盲是社会不公平产生的“边缘人”。因此,他在拉美等国家倡导和实施的扫盲教育和大众教育主要以文盲和普通百姓为对象。在此实践中,他特意将自己探索多年的教育理论命名为“被压迫者教育学”、“希望教育学”,以服务于社会底层的“失声者”和“被压迫者”。波士顿马萨诸塞大学唐纳多·马塞多(Donaldo Macedo)教授指出:“在中美洲、南美洲,坦桑尼亚、智利、几内亚比绍和其他国家中投身于推翻极权主义和压迫斗争的学生,无不热情地拥抱弗莱雷及其争取解放的主张。……保罗·弗莱雷对充满压迫的局面的谴责,赢得了全世界被压迫人民的共鸣。”[②]弗莱雷为曾以腐烂发臭的人胸肉为午饭的巴西底层人,为聚居在贫民窟的非裔美国人,乃至为世界各地被压迫的人民,提出了一种深刻理解文化发言权的意义的方法。弗莱雷的教育理论和工作实践表明,他一生关注的是,通过有效的教育手段改变与自己一样的那些社会底层和弱势群体的命运。

基于其坎坷的人生经历和丰富的学识背景,弗莱雷运用哲学、政治学、文化人类学和心理学等分析工具完成了《被压迫者教育学》这一影响深远的著作。该著作已被译成二十多种文字,其思想在拉美、非洲和亚洲尤为引人关注。该著作和杜威的《民主主义与教育》一样,被誉为 20 世纪最为重要的教育著作之一,在学术界也位于引用率最高的教育文本之列。

弗莱雷的著作旗帜鲜明、立场坚定,对压迫者深恶痛绝,对被压迫者无限同情。正是弗莱雷思想的这一鲜明特点,导致现实世界对其态度截然不同。站在相同立场,弗莱雷的思想可以轻而易举地深入普通妇女和青年学生的心灵,可以被伊万·伊里奇(Ivan Illich)等人评价为“具有真正革命性的教育学说”[③];而站在相反立场,弗莱雷的

---

① Freire, P. Culture Action for Freedom(2000 Edition)[J]. Harvard Educational Review, 1970: 3.

② [巴西]保罗·弗莱雷. 被压迫者教育学[M]. 顾建新,等,译. 上海: 华东师范大学出版社,2001: 13.

③ Freire, P. Pedagogy of the Oppressed(30th Anniversary Edition)[M]. New York: Continuum. back cover, 2006.

学说则被斥之为"一派胡言",《被压迫者教育学》也被批评为"一本糟透了的书"。① 为实现改善穷苦百姓生活的夙愿,弗莱雷毕生在扫盲教育和大众教育的田野辛勤耕耘。他打破了仅将扫盲视为技术行为的狭隘理解,极大地拓展和深化了扫盲教育的意义,使人耳目一新。他主张摈弃储蓄式教育,力倡提问式教育,强调培养学生的批判意识,尤为注重教育理论与实践的结合,其方法和理念对今天的教育仍有极大的启发意义。他提出的"教育即政治"、"教育即解放"等哲学思想振聋发聩,他的关于压迫的理论以及阶级分析的方法也启迪后人不断深入探究教育差距背后的深层原因。总的来看,弗莱雷的著作,尤其是代表作《被压迫者教育学》,在国际上广受重视,备受推崇。弗莱雷思想的积极倡导者彼得·麦克拉伦(Peter Mclaren)教授指出,弗莱雷的著述像树的年轮一样涵盖教育学的方方面面,反映了古往今来的文化意蕴。

　　弗莱雷的教育思想在赢得广泛赞誉的同时,也招来了不少非议。有极端左翼分子批评弗莱雷在《被压迫者教育学》中用了"压迫"等非常模糊的概念。也有批评者认为,要求追求解放的教育工作者生活在"复活"(Easter)的深层意义里,具有明显的宗教意味,弗莱雷不应要求他人用同样的宗教热情从事教育。还有批评者指出,弗莱雷在讨论教育问题时,使用了不少"非此即彼"的方式。例如,教育不是解放人,就是驯服人;不跟被压迫者站在同一阵营,就是在反对他们。这种主张过于武断和政治化,不利于对问题的深入分析。还有批评者指出,弗莱雷提出教育工作者需要抓住"可教时间"(teachable moments)这一关键点,同时却又强调了与学生进行平等对话和交流的重要性,有些自相矛盾。当教育工作者专注于找"可教时间"时,很容易忽略平等对话的原则,对此弗莱雷并没有提供解决之道。还有研究者在分析弗莱雷扫盲教育计划时指出,虽然弗莱雷是出于善意,但他的工作方法与他所激烈批评的储蓄式教育只有程度上的不同,并无实质上的差异。②

　　究竟应该如何看待上述批评意见? 实事求是地说,上述批评意见并非毫无道理,

---

① Pedagogy of the Oppressed [EB/OL]. [2013-12-10]. http://www. pedagogyoftheoppressed. com/praise/.

② Smith, M. K. (1997,2002) "Paulo Freire and informal education", the encyclopaedia of informal education. [EB/OL]. [2013-11-15]. http://infed. org/mobi/paulo-freire-dialogue-praxis-and-education/.

但并不全面。为回应对"压迫"概念模糊性的指责,弗莱雷曾打开《被压迫者教育学》,专为批评者数了一下,书中提到社会阶级共 33 次。他还一针见血地指出,"我想,批评者并非出于诚意,而是来自派系之间的斗争"。事实上,这里所说的"派系斗争"指的是意识形态的斗争。① 弗莱雷所说的"复活",并不是严格的宗教意义上的"复活",他所借重的是其所蕴含的"激情"、"牺牲"和"执着"的深意。他所说的"复活"的教育者也不是泛指所有的教育者,而主要指那些追求自由和解放目标的教育者,以及那些被压迫阶层之外的教育者。弗莱雷站在被压迫者的立场上,呼吁这些教育者为着自由和解放彻底清算自己的思想和行动,站到被压迫者阵营中来。弗莱雷的"非此即彼"不是方法问题,而是立场问题。他认为教育即政治,教育从来不是"价值中立"的,教育者应该具有鲜明的政治立场,应该态度鲜明地站在被压迫者一边。此外,抓住"可教时间"和倡导对话式教育并不矛盾,两者都是遵循教育学和心理学规律的要求。提问式教育和储蓄式教育具有关键的"性质"差别,而不只是"量"或"度"的不同。

诚然,弗莱雷也是矛盾的统一体。他一方面具有天主教世界观,另一方面又深受马克思主义思想的影响。有研究者称,弗莱雷是"基督信徒—马克思主义者"(Christian-Marxist)。② 实际上,弗莱雷既不是盲从的宗教教徒,也不是完全的马克思主义者。自幼受母亲的影响,加之长期在世界基督教联合会工作,弗莱雷深受天主教世界观的影响。然而,他并不盲从宗教,他自有独到的见解。他认为,宗教虽有必要存在,但它不是中立的。宗教不是为了解放人,就是为了驯服人。因此,他强烈地批判神话现实的宗教,以及使人驯服并灌输武断信仰的宗教;极力倡导以"人的解放,人类的人性化"为目的的宗教,③以及与解放教育相联系的宗教。弗莱雷认为,马克思确实是一个天才。因此,他如饥似渴地从马克思著述中汲取了大量思想营养。但他也强调指

---

① [美]卡洛斯·阿尔伯托·托里斯. 教育、权力与个人经历:当代西方批判教育家访谈录[M]. 原青林,王云,译. 济南:山东教育出版社,2011:63.

② Valerie A Perron. Paulo Freire, a Christian-Marxist [J/OL]. (2011 - 05 - 01) [2013 - 11 - 17]. StudyMode. com. http://www. studymode. com/essays/Paulo-Freire-a-Christian-Marxist-692948. html.

③ 毕淑芝,王义高. 当今世界教育思潮[M]. 北京:人民教育出版社,1999:247.

出"我并不完全是马克思主义者"。① 究其原因,一是熟谙马克思主义学说的弗莱雷知道,世界上有各种各样的马克思主义者,信奉各种各样的马克思主义,以至于到最后甚至马克思也否认自己是马克思主义者;二是弗莱雷对马克思等思想家及其他哲学家的学说持一种继承、批判和发展的态度;三是他同马克思一样具有激进意识,拒绝一切僵化的思想。作为基督信徒,他曾指出,"上帝将我引向人民,人民将我引向马克思",②"现实生活的障碍把我送到马克思那里。……当我遇到马克思时,我继续在街角遇到基督"。③ 可见,弗莱雷同时深受宗教世界观和马克思学说的影响。这使他的教育思想也不可避免地刻有宗教信徒和马克思主义学者双重身份的印记。借用存在主义哲学"存在三境界"的说法,弗莱雷已经超脱于理性的伦理阶段,但却不愿意"升华"到非理性的宗教阶段。然而,从总体上看,弗莱雷的哲学思想和教育主张具有一贯性和实践性,这是不可否认的。

作为巴西著名教育家、批判教育学的奠基者和代表人物,保罗·弗莱雷以其富有洞察力的思想和卓有成效的工作而广受赞誉。他的教育理论不仅在亚非和拉美国家被奉为经典,还被第一世界左派教育理论家奉为圭臬。1985 年,他跟妻子埃尔莎一起获得"杰出天主教教育工作者奖"。1986 年,他获得了联合国教科文组织颁发的教育和平奖。欧美共有 29 所大学授予他名誉学位(其中,比利时鲁汶大学、美国密歇根大学、瑞士日内瓦大学等授予其名誉博士学位)。他不仅被誉为"拉丁美洲的杜威"、"20世纪下半期最著名的教育家",还被联合国教科文组织主办的国际刊物《教育展望》列入 100 位最具国际影响的教育家(在世便享此盛誉的仅 4 人)。

时至今日,弗莱雷所倡导的以解放、自由及"觉悟"为核心理念的批判教育学,仍是世界各国人们普遍关注的话题,也仍然拥有跨越时代的价值。社会是文化的"横截面"。我们的信息社会正经历由"同喻文化"转向"后喻文化"④的发展阶段。这个知识

① [美]卡洛斯·阿尔伯托·托里斯. 教育、权力与个人经历:当代西方批判教育家访谈录[M]. 原青林,王云,译. 济南:山东教育出版社,2011:63.

② Andrew J. Kirkendall. Paulo Freire and the Cold War Politics of Literacy [M]. Chapell Hill:the University of North Carolina Press,2010.

③ 毕淑芝,王义高. 当今世界教育思潮[M]. 北京:人民教育出版社,1999:247.

④ [美]玛格丽特·米德. 文化与承诺——一项有关代沟问题的研究[M]. 周晓虹,周怡,译. 石家庄:河北人民出版社,1987:27.

加速更新、发展日新月异的社会越来越需要"教者"将"学者"视为平等交往和相互学习的"合作伙伴",乃至在更大程度上的"学习对象"。在这个日益强调个性发展和创新创造的社会,弗莱雷所倡导的"平等对话"、"师生互学"等理念的价值日益彰显。另一方面,弗莱雷关注社会底层和弱势群体的理念在当代依旧鲜活。2000 年达喀尔全民教育论坛将"普及初等教育,尤其在女童、被边缘化儿童以及少数群体中普及初等教育"作为全民教育六大目标之一。2015 年 9 月联合国通过了 17 项"可持续发展目标"(Sustainable Development Goals,SDGs),包括"确保包容和公平的优质教育,让全民终身享有学习机会"(SDG4),"实现性别平等,保障所有妇女和女童的权利"(SDG5)①。为实现可持续发展,世界各国和国际组织等正将女童、妇女等以往社会的"边缘人"推向社会的"中心"。因此,弗莱雷关注社会底层和弱势群体的教育思想历久弥新,也焕发着与时俱进的时代意义。与此同时,弗莱雷强调,越是在技术发达的社会越应该鼓励"交流"和培养人们的"技能和素质",这也具有很高的时代价值。在知识经济时代,信息技术(Information Technology,IT)一日千里,人工智能如火如荼。然而,"信任"业已成为稀缺资源,社会诚信问题重重,国家创新也举步维艰。为应对挑战,虽然社会各界已经在推进信息技术与教育教学的深度融合,但仍然远远不够。究其根本原因,弗莱雷曾一针见血地指出:"技术发达的社会使个人……被严格地驯服,这对我们十分有害。"对此作出审慎积极的回应,尤其是教育工作者的责任。弗莱雷在其生活的年代为推进教育民主、教育解放,不仅亲自教会成人读写技能,还提升了他们的政治觉悟和民主意识。译介和研究其思想,对当前建设"学习型社会"和"创新型国家"大有裨益。在全球化时代,各国、各族文化接触日益频繁,文明互鉴与冲突并存。在此形势下,更需要实现弗莱雷所提倡的教育理想,也更需要通过平等交流与对话使当下和未来社会的主人具备更高层次的跨文化交流技能和更高水平的思想道德素养。2017 年 12 月,经济合作与发展组织(OECD)发布 PISA 2018"全球胜任力"(Global Competence)评估框架指出,全球胜任力是"对地区、全球和跨文化议题的分析能力;对他人的看法和世界观的理解和欣赏能力;与不同文化背景的人进行开放、得体和有效的互动的能力;以

---

① UNESCO. Transforming our world：the 2030 Agenda for Sustainable Development [EB/OL]. [2019 - 06 - 05]. https://sustainabledevelopment. un. org/post2015/transformingourworld.

及为集体福祉和可持续发展采取行动的能力"。① 国际组织对"全球胜任力"的重视赋予弗莱雷教育思想新的旨趣。这至少从一个侧面说明，全球发展日益需要践行"平等交流与对话"式弗莱雷教育思想。有鉴于此，我们对弗莱雷的著作仍需介绍得更为全面，对其思想的研究也有待进一步深化。

———

① OECD. PISA 2018 Global Competence [EB/OL]. [2019 - 06 - 05]. http://www.oecd.org/pisa/pisa-2018-global-competence.htm.

50 周年纪念版序言

美国波士顿马萨诸塞大学　唐纳多·马塞多(Donaldo Macedo)

就在 1 000 美元一份的百吉饼在纽约市问世的第二天,一家当地餐馆的老板又推出了 27 000 美元一份的巧克力圣代……创造了最昂贵甜品的吉尼斯世界纪录。

路透社商业新闻,2007 年 11 月 7 日[1]

能为保罗·弗莱雷的《被压迫者教育学》作此序言,我的确感到很荣幸。毫无疑问,该书是经典之作。随着 21 世纪将世界带入了一个很黑暗的新时期,该著作在过去的这半个世纪里已变得越来越重要。诺姆·乔姆斯基(Noam Chomsky)、齐格蒙·鲍曼(Zygmunt Bauman)、亨利·吉鲁(Henry Giroux)、阿兰达蒂·洛伊(Arundhati Roy)、艾米·古德曼(Amy Goodman)、托马斯·皮凯蒂(Thomas Piketty)等著名学者明智而不间断地告诫世界各地的人们,警惕极右派权力霸权可能带来的可怕后果(如否认气候变化、骇人的经济不平等、潜在的核灾难等),如果对此置若罔闻,有可能会导致我们所知的人性的毁灭。因此,我们不仅有必要选择其他的政治路线,而且其议程的核心也必须是培养人对自身是如何存在于世界之中以及如何与世界并存等方面的批判意识——这正是弗莱雷坚持的立场,也贯穿于他在《被压迫者教育学》里提出的充满智慧和远见的想法之中。也就是说,弗莱雷写作《被压迫者教育学》的主要目标并不是要提出一种具有创新意义的方法(这与他对公式化的教育模式的批判背道而驰),而是要开启促进解放的教育进程,促使学生能够通过批判性素养(critical literacies),学会以深思熟虑和批判性反思的方式,来应对他们置身其中的世界,以便揭示并处理压迫者与被压迫者之间持续发展的关系中所固有的张力和矛盾。由此,弗莱雷的《被压迫者教育学》的核心目标是唤醒被压迫者身上的知识、创造力和持续的批判性反思能力,因为这对揭示、澄清并理解导致他们受压迫、边缘化的权力关系至关重要,唯其如此,才能通过实践开启获得解放的计划,而这种实践总是离不开一以贯之且永不间断的批判性反思和行动。当前,尽管有越来越多的教育人士拥抱弗莱雷的思想,但其中的很多人,包括一些自由派人士和进步人士,让自己的批判性话语言不由衷,他们一方面谴责压迫状况,而另一方面又对导致这些压迫结构的主流结构习以为常。这一点我在下文会谈到。

就在保罗·弗莱雷 1997 年 5 月 2 日不幸离世之前的一个月左右,我和他在纽约第五大道上边走边讨论纽约的富裕背后所隐含的突出矛盾。有人可以炫耀财富,例如在奢华的饭店一掷千金,花 27 000 美元买一个巧克力圣代,而千千万万的人却无家可归,包括那些只能睡在汽车里、大桥底下和拥挤不堪的避难所里的拖儿带女的家庭。原本我跟弗莱雷要在 1997 年的秋季在哈佛大学教育研究生院签约联合执教一门课程,其主要目的就是要揭示这些矛盾。我们商量好,要让学生参与到对大学里不常被强调的知识体系的批判性对话之中,这些知识体系如伦理学、四年一轮狂欢式投票周期背后的民主的直接性(substantivity)(正如我们最近在唐纳德·特朗普(Donald Trump)成功竞选总统过程中所见),以及对意识形态及其在阅读文字和阅读世界过程中所扮演的角色的缜密研究。当我们行走在第五大道的时候,弗莱雷会时不时地问我,可不可以停下来,以便他可以更着重地表述他的观点,表达他对新自由主义在发达国家和发展中国家所具有的破坏性和压迫性力量的关切。我们常常会依靠在气势雄伟的建筑的墙体上,以避开行色匆匆的忙乱人流。他们想飞快地挤到其他行人之前,而被赶超的行人也许只是为了满足对琳琅满目、充满诱惑的橱窗时装展示和最新科技产品的消费好奇心而偶尔放缓了脚步。这些东西都是过度消费社会的标志。在这样的社会里,"金钱是衡量一切事物的标准,利益是首要目的。对于压迫者来说,值得他们去做的,便是占有更多——永远是更多,即便以被压迫者拥有更少甚至一无所有为代价。对他们来说,**存在(to be)**就意味着**占有(to have)**……"(p. 12)。回想起来,我现在才意识到,弗莱雷之所以时不时地要求停下脚步,更多是与他的心脏健康状况导致的疲劳有关。他很少跟别人提及自己的心脏疾病,也很少对此心生抱怨。

尽管弗莱雷一直抱定历史即可能性的观点，并且坚信少点歧视、多点公正，少点非人性化、多点人性化的世界是可能的，但他一直批判性地看待"解放宣传……（这种宣传）仅仅把自由的信念'植入'到被压迫者身上，以此获取他们的信任"。[2] 相应地，弗莱雷相信，"正确的方法在于对话……（这是一个过程，去唤醒）被压迫者的信念，即他们必须为自身的解放而斗争，因为解放并不能拜革命的领导者所赐，而是自身觉悟（conscientização）[①]的结果"。[3] 我们俩走了很长的路，而且很尽兴，在此过程中，弗莱雷半开玩笑半认真地跟我说："统治阶级绝不会送我们去科帕卡巴纳（Copa Cabana）度假。如果要去科帕卡巴纳，我们就得为此而奋斗。"最后一次与他长时间散步聊天的过程中，他会时常显得心灰意冷，时常近乎他常说的"有缘由的愤怒"（just ire），这与某些变节的进步主义人士对新自由主义意识形态的迁就有关。他的朋友巴西前总统费尔南多·亨里克斯（Fernando Henriques）正是这样的情况。如同弗莱雷一样，亨里克斯曾被巴西残忍的新纳粹军事独裁政府流放到智利。独裁政府屠杀和摧残了成千上万的巴西人。事实上，在费尔南多·亨里克斯统治下，巴西对新自由主义的实验，加剧了早已十分严酷的状况，并且使数百万巴西人遭受饥饿、饱受人类苦难并陷入绝望，进而使巴西经济与教育不平等差距拉大，同时引发了更系统性的政府腐败。不幸的是，当时西方世界的多数社会主义政府背弃了自己对社会正义、平等和公正的承诺，转向醉心于市场的新自由主义意识形态，这不仅使期盼更美好世界的人们的希望落空，而且触目惊心的腐败导致政府倒台。葡萄牙、西班牙和希腊当时就是这种情况。在希腊这个国家，由总理乔治·帕潘德里欧（George Panpandreou）领导的社会主义政党放任腐败达到了登峰造极的地步，例如，泛希腊社会主义运动党（PASOK）为了买选票，甚至为居住在美国但愿意飞回希腊为社会主义党人投票的希腊公民提供免费机票。这种行为有点类似于西方民主社会时常批评的欺骗性选举舞弊的策略。按照西方民主社会的说法，这种策略困扰着那些被贬称为"第三世界香蕉共和国"（Third World Banana Republics）[②]

①　原先的译本通过英语 conscientization 将其直译为"意识化"。考虑到弗莱雷对该英语译法本身持保留意见，本译本采用与葡萄牙语原语意义更贴近的"觉悟"一词。参见黄志诚，《被压迫者的教育学》（北京，2003 年）第 38 - 39 页。——汉译者注

②　第三世界香蕉共和国（Third World Banana Republics）是一个经济体系属于单一经济（通常是经济作物如香蕉、可可、咖啡等）、拥有不民主或不稳定的政府，特别是那些拥有广泛贪污和强大外国势力介入之国家的贬称，通常指中美洲和加勒比海的小国家。——汉译者注

的国家。在某种程度上，触目惊心的腐败丑闻导致了多个大洲的社会主义政府倒台，通常产生中右和极右政府（希腊是个例外，左翼激进联盟党赢得了选举），而选举它们上台的是感到不满意和被剥夺公民权的投票人——这些投票人成了新自由主义政策所推崇的财政紧缩措施的牺牲品。

　　弗莱雷也毫不犹豫地表露他的"有缘由的愤怒"。他公开指责许多能说会道的自由主义人士和一些所谓的批判教育人士所采取的批判立场。他们往往躲在学府里，一方面在他们书写的批判性话语中攻击新自由主义的市场神学，但另一方面却掩饰自己对污秽的消费主义观念的沉迷。在弗莱雷看来，这些能说会道的自由主义人士和所谓的批判教育人士的兴趣和生存与处世之道，常常固守着新自由主义的市场解决方案，而这恰恰是他们在自己书写的批判性话语中予以抨击的。在日常实践中，这些能说会道的自由主义人士和所谓的批判教育人士常常背弃为实践所必需的行动，使他们所标榜的政治计划僵化为一种含混的话语批判，但亟待突破始终"迟迟不到"的行动——这种行动旨在把新自由主义对市场的神化所带来的现实危害转化成能引向公正、平等和真正民主实践的新民主结构。换言之，许多自由主义人士和所谓的批判教育人士炫耀自己的左派资历，公开表露自己所宣扬的马克思主义（通常只在书面话语中或在安全的高等学府里表达），有时甚至在内心产生了进一步吹嘘的冲动，好比说，他们的激进主义超越了马克思主义的主张，在政治倾向上甚至真正更接近毛主义者（Maoist）——他们认为这一立场甚至更激进。结果，学府中的左派标签变成了奇特的专属政治和文化通货，象牙塔中的驻校马克思主义者（Marxist-in-residence）借此来获取地位，但这仅仅是一种时髦标贴而已——事实上，这是典型的消费主义，而维系这种消费主义的交易仅是通过对实质上空洞无物的名称和标签的象征性记录来实现的。本质上，某些批判教育人士贴上"马克思主义者"的学术标签，是把伦理和政治行动转变成一种公开展示，把左派观点转变成事实上的商品。作为商品，这些自诩的"激进"立场和标签被清空了进步的内容，致使这些立场和标签与原则性行动相分离——这种分离在新自由主义市场神学的再造中依然必不可少，在这一过程中，基于批判性思维的集体社会参与受到冷落，而激烈的残酷竞争却得到回报。批判性话语与行动的潜在分离过程不是证明"言出必行"（walk the talk）有道理：它为所称的驻校马克思主义者提供了机会，比如说，一方面声称自己是反种族主义者，另一方面却把反种族主义变成苍白的陈词滥调，而不为评判白人至上思想提供教育空间。在此过程中，他们所采取的进步主义姿态，往往充其量也只是在书写的批判性话语层面谴责种族主义，但与此同时，他们又从固化了的制度性种族主义那里获取特权。他们蓄意不承认这种制度性的种族主义，也不采取行动将其废除。

由此，这些驻校马克思主义者还对种族主义产生的政治和系统影响视而不见，而这种影响在 2016 年美国总统选举中得到了充分的证明。针对在很大程度上由新自由主义政策所导致的状况，每每唐纳德·特朗普蓄意挑动白人对人而不是对国家的愤怒，这种影响就变得愈加可怕。具有讽刺意义的是，愤怒的白人工人阶级拥抱的正是新自由主义政策。特朗普当选总统本质上揭穿了"种族主义已终结"这一后种族主义标语背后的谎言——该标语随美国第一位黑人总统巴拉克·奥巴马（Barack Obama）的当选应运而生。再则，一方面拒不承认种族主义的灾难，另一方面却扩建少数民族聚居区，将大部分美籍拉美人和黑人从校园到监狱的通道（school-to-prison pipeline）正常化，扩大了作为种族主义附带结果的人类苦难，这一点本身就构成了种族主义行为。这些自诩的马克思主义者和驻校马克思主义者把种族主义当作抽象的概念来劝说他人，抵制理智上的和社会层面的压力，拒不把书面批判性话语层面的抽象概念转化成使社会及其制度彻底民主化的行动，这就是种族主义。比如说，除了象征性地有几个不同肤色的教授和极少数的非白人学生，大学里的大部分学系的师生事实上都是清一色的白人，这些大学在本质上有多民主呢？例如，在古典学学系里，无论是教师还是学生，几乎都看不到非洲裔美国人的影子，这其中种族究竟扮演了什么角色呢？抑或非洲裔美国人在基因上不具备从事古典学研究的素养，因而不愿意从事古典研究？更为有害的是，这些自称的驻校左派人士在参与社会建构时对自身的言行中根深蒂固的种族主义置若罔闻。譬如，以一位自由主义白人教授所说的话为例，他在因多样性而著称的某城区大学谋职，他宣称："我们就是要让黑人孩子学会学习。"这一说法不仅指向刻板的种族中心主义认知行为理念，弗莱雷在《被压迫者教育学》中富有洞察力地提出了这一点，而且也说明，提出这一说法的人仍未摆脱白人至上思想的束缚。白人至上思想给他们灌输了这样的神话和信念，即出自某些种族和文化的孩子天生没有学习能力，得靠教育人员把方法教给穷人和被压迫者。这些教育人员往往把事先制订好的教学计划装入古驰（Gucci）皮手提袋和公文包，把（好比说）非洲裔美国人原先并不可能知道的东西教给他们,因为他们在这之前甚至没有获取知识的能力。这些非白人孩子能从注定的残酷环境中生存下来,这说明他们很清楚地知道该如何学习,以便在"野蛮不平等"(savages inequalities)的环境下生存下来。乔纳森·考泽尔(Jonathan Kozol)在他的好几本书里都深刻地描述了这种"野蛮不平等"。这些驻校马克思主义者的子女能否从如此根深蒂固的社会不平等所造成的灾难中生存下来并保持毫发无损,同时又能在高风险的规定测试中表现出众?恐怕未必。因此,既然能从最可怕的种族主义、种族隔离、性别与阶级歧视中生存下来,这不仅意味着少数民族聚居区的孩子们具备高水平的智能,也验证了西方中心主义"智能"理念背后的霍华德·加德纳(Howard Gardner)的多元智能(multiple intelligence)理论。

在弗莱雷与我的最后一次对话中,当他对某些栖息于"丝绸内衣"(silk underwear)中的批判教育人士予以痛斥时,他流露出那种"有缘由的愤怒"。在生命的最后阶段,他进而把这种"有缘由的愤怒"作为一种创造性力量,不仅注入到他的写作之中(他最后的著作《自由教育学》就是明证),而且融入到此后在世界各地的许多对话和演讲之中。弗莱雷反对伪批判教育人士的立场是正确的,因为这些人关于社会正义的政治计划,因缺乏思想连贯性(intellectual incoherence)以及对个人名利的粗俗追求而遭背弃。助长这种不连贯性和追名逐利的,是弗莱雷常说的新自由主义市场"伦理"。换言之,许多批判教育人士的思想不连贯性最终使他们把政治计划设定并局限为单纯的新自由主义的追名逐利。不过,重要的是,弗莱雷对粗俗地追求个人名利的厌恶并不意味着他反对对事业的追求。真正拥有事业的人不具功利主义,并且将事业植根于弗莱雷常常所说的争取一个更完满、少点不公正、更民主的世界的政治计划之中;追求个人名利者的政治计划只关乎个人进步,以诡辩和贪得无厌为特征,几乎总是牺牲公平、平等和真正的民主。这两者之间有着天壤之别。也就是说,追名逐利者的政治计划充其量只是自己的事业,并且为了保全自己的事业,粗俗地追求个人名利的人"将无法进行(或都将放弃)对话、反思和交流,而只能流于空喊口号、发布公告、搞一言堂以及发布指示。只为解放事业做些表面肤浅的文章,便会带来这种危险"。[4] 危险在于,比如说,在学术殿堂的安全范围之内写关于饥饿的文章,与事实的饥饿体验之间相脱节,或者在于一方面发布标语化的声明"我是毛主义者",而另一方面却拒绝去古驰化(de-Guccify),无法摆脱资产阶级价值观的束缚。这些价值观奠定了大部分新自由主义计划的基础,并且认为物的分配和积累比人性的扩展更重要。正如弗莱雷在《被压迫者教育学》中富有洞察力地主张:"解放被压迫者是解放人,而不是解放物。因此,没人可以凭一己之力就能解放自己。同样,靠其他人也无法解放自己。解放是一种人类的现象,半人(semihumans)无法实现解放。任何视人为半人的努力(正如白人至上和父权制的情况),只能是使其非人性化。"[5] 半人只关心物,不关心人,所以永远无法,也不愿意,提供一种引向解放的读写能力。半人因为追求使人他化(othering)的过程,以贬低人的价值并使其模式化,所以他们早已丧失了人性,以至于看不到他人身上的人性。因此,

> 对弗莱雷来说,读写能力并不是把学生培养成为劳动者或"职业人士"的一种手段,而是为学生能过上一种自我管理的生活作准备。自我管理只有在人实现了三个教育目标后才能实现:自我反思,即实现那句著名的箴言"认识自己"(know thyself),从经济、政治,还有同等重要的是,从心理维度,来理解他们生活其中的世界。明确"具有批判性的"教育帮助学生认识到迄今已主宰了其生活并已刻意塑造了其意识的种种力量。第三个目标是有助于为构建新生活创造条件,即作出一整套新安排,使得权力已经,至少是倾向于,转移到那些通过改造自然和改造自身来真正创造社会世界的人手里。[6]

弗莱雷在《被压迫者教育学》中没有针对种族关系问题进行批判性讨论,他经常因此而遭到批评。正因如此,1997 年我们本来将在哈佛大学教育研究生院联合执教的一门课程的主要目的是拓展我们的对话,题为"对话:文化、语言和种族",该对话当时已经在《哈佛教育评论》上发表。[7] 在此对话中,弗莱雷进行了自我批评,并解释了他在写《被压迫者教育学》时为什么阶级压迫在他心目中比种族关系占据更重要的地位。这主要是巴西由压迫造就的特殊历史背景使然——弗莱雷和他的家庭都经历了这种压迫,他们失去了中产阶级的地位,不得不搬离城市,移居到一个名为萨乌德居民区(Morro da Saúde)的穷苦下层社会区域。弗莱雷对压迫的谴责绝不是我们常在许多肤浅的自由人士和伪批判教育人士身上看到的那种纯粹的智力活动。他在谴责压迫结构方面的聪明才智和勇气植根于一种非常真实的物质体验。当他描述当年自己在萨乌德居民区在穷困中度过的童年和青少年岁月时,我们从中看到的就是这样一种体验。作为已失去经济基础的原中产阶级家庭的孩子,弗莱雷孩提时代忍饥挨饿的体

验,一方面使得他找到并培育了"与来自贫穷城郊的孩子的团结一致"[8],另一方面使他意识到,"尽管饥饿让我们齐心协力……尽管这种关系让我们联合起来,以寻求生存之道,但就穷苦孩子来说,我们的玩耍时间将我们列为来自另一世界的人,只是意外地闯入了他们的世界"[9]。正是认识到了这种阶级界限,才不可避免地使得弗莱雷激进地厌弃并谴责以阶级为基础的社会。

尽管某些后现代主义流派不接受弗莱雷在《被压迫者教育学》中所作的详细阶级分析,但假装我们现已生活在一个没有阶级的世界,这即便不是学术不端,也是一个巨大的错误。尽管弗莱雷很清楚,"我们并不能在阶级斗争的单一逻辑之内来把握错综复杂的物质压迫以及使被压迫群体受制于控制逻辑的情感投入",[10]但他自始至终主张,对压迫的透彻理解始终绕不开某种阶级分析。与此同时,过度宣扬身份政治的后现代立场不仅会引向本质主义(essentialism),而且自身也隐含着压迫的种子。举例来说,马萨诸塞州进步参议员伊丽莎白·沃伦(Elizabeth Warren)称自己是美洲印第安人,尽管她祖宗三代早已不是美洲印第安人,她长为白人,并且完全没有尝过印第安人居留地的压迫生活滋味。沃伦参议员不失时机地打种族牌,以此来使自己作为哈佛大学法学院教授职位候选人的身份更具吸引力,哈佛大学也利用对她的雇用来佐证其对多样性的承诺,这仅说明主流院校是如何依靠象征主义来强化其排外政策的。这种排外政策并不欢迎非白人群体出现在院校里,他们只是象征性的代表而已。事实上,不失时机地利用种族或性别牌,削弱的正是民权法案(Civil Rights Act)所倡导的精神。这也为种族隔离主义者及受惠于男权政治和白人至上的人摒弃和批评旨在消除种族排外或性别排外的反歧视法律提供了弹药。

直到临死前,弗莱雷一直在勇敢地驳斥宣扬历史已终结、阶级已消亡的错误观念的新自由主义立场。社会已达到进化的终点,这一观念抽空了历史的意义。与之相反,弗莱雷总是把历史意识看作是促进人类进步的持续条件,当"意识到历史是充满可能性的时间,而不是无情地被注定的——未来是成问题的,而不是宿命般地早已决定的"[11],将为更美好的未来开启机会。同样,弗莱雷一直拒绝接受阶级斗争已经消亡的错误论断。尽管他对早期的阶级分析不断作出修正,但他从不放弃,也不贬低把阶级作为我们寻找更好地理解压迫条件的一个重要的理论范畴。他最后一次去纽约期间我们进行的那次长时间的对话中——实际上,这是我们最后一次在一起工作——他重申了以下观点，即尽管我们不能把一切都归为阶级，但阶级仍是我们理解各种各样压迫的重要因素。尽管后结构主义者或许想要宣称阶级分析的终结，但他们仍然不得不说明出现弗莱雷曾描述的可怕人类状况的原因。这种状况导致一个居住在巴西东北部的家庭不得不在垃圾填埋场寻觅食物，最终捡起"腐烂发臭的人胸肉，好拿回去准备星期天的午饭"。[12]

我很幸运，能与保罗连续共事了十六年，先把他的多部著作译成英语，后又在其他的著书计划上与他合作，而且我把《被压迫者教育学》读了一遍又一遍，每次阅读我都会对理解当下的世界产生新的领悟——人为的战争、扩大中的人类苦难以及骇人的贪婪等都困扰着这个世界。无需故作谦虚，我始终觉得我理解弗莱雷的主导思想、精妙含意和微妙之处，而这些都是《被压迫者教育学》具有的特征。尽管如此，在到访萨乌德居民区这个坐落在巴西东北部累西腓郊外的贫穷社区之前，我还是没有真正完全抓住弗莱雷哲学所具有的多层面的复杂性。

正如上文所说，在 20 世纪 30 年代经济大崩溃之后，弗莱雷和他的家庭搬到了那里。这场危机毫无预兆地打乱了弗莱雷一家的中产阶级计划。伴随经济状况每况愈下，弗莱雷一家担负不起在累西腓的住房费用，所以就搬到了萨乌德居民区的一间简朴的屋子里。保罗、他的兄弟姐妹、父母亲以及其他亲近的家庭成员就在那里避难。我马上开始意识到《被压迫者教育学》的新内涵和存在的意义。当我进入这间简朴的房子，步入黑暗的小房间，屋内没有卫生间，也没有天花板，我开始全面看待弗莱雷所遭受的精神创伤，当时，弗莱雷不得不直接面对一种叫生活的新教育形式——这种生活为残酷的制度所造就并维系，无情地使数百万巴西人沦为半公民（half citizenry）和次人类（sub-humanity）。我还沿着一条正在枯涸的河道走了一小段，弗莱雷和他的朋友们过去常常在这里洗澡，身边是邻里的妇女，她们每天都认真地在那里洗衣服。太阳是弗莱雷身边唯一可以用来弄干皮肤的毛巾。

当弗莱雷开始结识新朋友和邻居时，他很快就意识到，一道心理的阶级之墙包围着他的新现实——这些朋友和邻居所展示的人性，使得他对姑姑纳特西亚（Natércia）对贫穷巧加"掩饰"的做法充满同情，使得他能理解"为什么家人舍不得把洛德丝（Lourdes）的德国钢琴和父亲的领带处理掉"，[13] 即便他父亲只是在车间打杂。但弗莱雷很快就懂得，家人对中产阶级的标识和习俗念念不忘，对抚平伤痛无济于事——"一种几乎总是被用粗鲁的语言相待的伤痛……(因为家里根本付不起钱,所以杂货店不给他母亲赊账)她一家店铺一家店铺地跑,但几乎总是旧的冒犯未消,新的冒犯又添"。[14] 为了不让母亲每天都遭受这种对自尊心的打击,弗莱雷会时不时地溜进邻居家的后院偷鸡,这常常成为那一天一家人唯一的一顿饭,因为至此,小镇上所有的商贩已拒绝给他们一家人赊账了。为了维护一家人中产阶级的感受,弗莱雷把他在邻居后院偷偷摸摸的行为委婉地说成是"私闯邻家院子"。弗莱雷的母亲是基督教天主教徒,毫无疑问,她认为这种"私闯"违背了她的道德准则,但她也一定意识到了,"她的办法要么就是严厉地责骂(弗莱雷),让他把还留有余温的鸡送还给邻居,要么把这鸡做成特殊的晚餐。她的直觉判断力占了上风。她没有声张,拿起鸡,跨过庭院,走进厨房,专注地干起了有一阵子没干的活了"。[15] 弗莱雷的母亲知道,偷邻家的鸡在道德上是错误的,并且构成犯罪,但她也知道,这是社会犯下的先验罪恶:制造饥饿。正如弗莱雷所描述的,

> (由社会不平等所带来的)饥饿问题……是一种真实而具体的饥饿,没有特定的摆脱时间。相反,我们的饥饿是那种不宣而至、不请自来的饥饿,为所欲为,看不到尽头。这种饥饿若不如实得到缓减,它便会占据我们的身体,使之变得瘦骨嶙峋。双腿、双臂以及手指都变得皮包骨头。眼窝深陷,几乎看不到眼睛。我们同学中有许多人都经受过这种饥饿,而今天它继续折磨着数百万的巴西人,每年都有人因其肆虐而死亡。[16]

正是出于对这种暴力的反对,弗莱雷才愤怒并充满同情地写就了《被压迫者教育学》。坦率地说,我相信,离开了阶级错位和忍饥挨饿的经历,弗莱雷就不可能写成《被压迫者教育学》。在造访了弗莱雷在萨乌德居民区简陋的家之后,我一遍又一遍地品读他的见解,既包括他对非人性化状况的痛斥,也包括他作出的"改变是困难的,却是可能的"的宣告。这唤起了我复杂的情感,也再次证实了他的去世是一个巨大的损失——这损失夹杂着"悲痛、怀疑、期待和忧伤"。[17] 与此同时,随着弗莱雷未出版著作的每一次崭新面世,随着有关弗莱雷的人的解放理论的出版物的不断发行,"我们可以欢庆(弗莱雷的)回归",[18] 因为他一而再地激励并挑战我们,去想象一个少点残酷、更加公正和更加民主的世界。不过,正如弗莱雷在其著作中强烈坚持的,要宣告一个更加公正、更加人性化世界的诞生,必须始终要以对产生并造就歧视、人类苦难和非人性化的

主宰力量的痛斥为前提。因此，只是通过弗莱雷所称的储蓄式教育的枯燥信息传输来麻醉和驯化思想的教学方法，是无法做到对压迫社会力量的痛斥的。然而，弗莱雷对单纯的方法的谴责不断被误用和曲解。某些学者试图质疑弗莱雷的**方法**是否行得通，还试图不甘心地列举出基于弗莱雷理念的学校的确**行得通**的例子，这是一个极大的讽刺。霍华德·加德纳在一次与诺姆·乔姆斯基和布鲁诺·奇萨（Bruno de la Chiesa）关于弗莱雷的小组讨论会上就是这么做的。那次讨论会是 2013 年 5 月在哈佛大学举办的，是阿斯奎思论坛（Askwith Forum）的一场活动。这就把弗莱雷的思想贡献和主要理论庸俗化了。把弗莱雷的主要理论思想和哲学思想如此直白地归结为一种方法，这说明加德纳力推的"多元智能"理论有思想狭隘之嫌，特别是当弗莱雷的理论因被认为"没什么用处"而被束之高阁之时——这种束之高阁显然出于意识形态，也受制于意识形态。因此，加德纳要求诺姆·乔姆斯基、布鲁诺·奇萨和阿斯奎思论坛的观众提供能说明弗莱雷的方法的确行得通的具体例证，[19] 这一要求隐藏的东西比要说明的还多。正如诺姆·乔姆斯基在论坛期间回应加德纳的那样，有关弗莱雷在《被压迫者教育学》中的观点和理论的真正问题是，把弗莱雷的识字计划看作是单纯的教学方法是否正确。乔姆斯基的看法是，弗莱雷把识字当作"强化意识的一种手段"。[20] 简而言之，乔姆斯基在敦促教育人士，尤其是批判教育人士，要摆脱对方法的盲目迷恋，因为这种迷恋极大地遏制了北美教育人士的思维、创新和创造力。在莉利亚·巴托洛梅（Lilia I. Bartolomé）发表在《哈佛教育评论》的一篇题为《逾越方法迷恋：论人性化教育》的经典文章中，她富有远见地对这一现象进行了分析。[21]

因此，要正确看待并理解弗莱雷，我们必须超越识字教学方法这一层面，批判性地理解他的觉悟（conscientization）概念——这一概念甚至经常为自诩是弗莱雷学派的批判教育人士所误解，也易为一些教育人士所忽视，因为他们的兴趣只是挪用弗莱雷的对话方法，而脱离了弗莱雷的主要理论目标，从而只把他当作是单纯的教学方法论者。除了许多教育人士的"方法迷恋"之外，界定弗莱雷 conscientização（觉悟）这一概念最初面临的一大挑战在于该葡萄牙语单词发音很难（操葡萄牙语的人对这个词的发音也有各种困难），而且实际上，对这一富有洞见的概念的大多数定义，很少能完整地表达弗莱雷的真正想法。弗莱雷始终坚持，即便是我们在尝试给 conscientização 下定义前，我们也必须恪守这一概念的要义并反问："什么定义？针对什么？为了谁？反对谁?"一旦我们开始问这些问题,我们便会认识到,即便是弗莱雷思想的许多追随者,除了 conscientização 正确发音的障碍之外还有某种困难——弗莱雷至少最初是拒绝把该用语翻译成英语的,他只是说:"我拒绝。为什么不接受这一用语呢? 我不是非得接受 stress(压力)一词,但我接受了。你为什么不能接受 conscientização 呢?"[22] 弗莱雷最终同意把这一用语翻译成相近的英语用语 conscientization。

在弗莱雷看来,要揭开觉悟的神秘面纱,就必须要让被压迫者说出自己的话,将其作为发声的过程。他把这视作是"第三世界的根本性主题——意味着这是人民有困难但不是没有可能的任务——即赢得发声的权利,说出自己话语的权利"。[23] 这正是被压迫者为了说出自己的话而必须获得的权利,即"成为(自己)的权利,担负命运方向的权利"。[24] 统治力量竭尽全力要扼杀的正是这种权利,他们力图隔绝被压迫者的话语——这些话语揭露压迫机制,因而被扭曲或被压制,正如亨利·吉鲁(Henry Giroux)指出的,在"一个深陷历史与社会健忘症的社会里,政治和社会语言很容易被窃取,并被像武器那样加以部署,使民主、自由、主义、正义和社会国家(social state)等词语失去任何实际可行的意义"。[25] 压迫的统治力量,甚至是自由派教育人士对语言的隔绝,可以清楚地见之于学术话语和主流媒体对委婉语的滥用和误用。这些自由派教育人士自身代表多数,却要规劝别人"为少数赋能"并"让少数发声"。

委婉语作为一种语言形式,不仅扭曲现实,将现实神秘化,而且也是一种经常为主宰力量(媒体、政治权威、受教育阶层)所使用的技巧,以便分散对困扰社会的真实问题的注意力,例如穷人与富人日益扩大的惊人的收入差距,中产阶级的恶性萎缩,无依无靠者普遍化的疏离感。语言的压制或扭曲是一种策略,在阿兰达蒂·若伊(Arundhati Roy)看来,这种策略也似乎在

> 篡夺话语,并将它们像武器那样加以部署……用它们来掩盖意图,表达的意思与原来的恰恰相反,这是新制度独裁者最辉煌的战略胜利之一。这使得他们可以把诋毁自己的人边缘化,剥夺了他们表达批评的语言。[26]

一旦这种隔绝的技巧无法发挥作用,主宰力量便会采取更严苛的举措。亚利桑那州图森(Tucson)公立学校系统的一位官员禁止弗莱雷的《被压迫者教育学》进课堂,因为用亚利桑那州教育部一位督学的话来说,"我们不应该教育(孩子)……他们受到压迫"。[27] 换言之,觉悟——作为学生获取必要的批判性思维工具的过程,学生不应该把

压迫内化于心,而是应该理解权力机关是如何剥夺他们的平等待遇、机会和正义的——并不是图森公立学校的目标。在这些学校,与种族关系、伦理和意识形态等问题相关的课程被禁止,教师被鼓励去实施传播大谎言的教育,以使学生(在此情况下,是底层的墨西哥裔美国人)更易于被驯服。在美国,几乎见不到对命名现实以质疑压迫的语言的窃取行为的公开反对,这"可能最终成为导致我们失败的根源"。[28] 我感到惊讶的是,即便是某些学者对打碎主流语言并且揭露被蒙蔽了的现实以命名现实的话语很不以为然,他们仍然使用委婉语。更让人吃惊的是,自称是弗莱雷学派的教育人士,看不到被压迫者显然不可能通过觉悟过程,"深深地意识到自身的处境……把这一处境理解为易被改造的历史现实"[29],但这些自由派教育人士对语言的抹杀难脱干系——这种抹杀语言的行为就如抽空了"被压迫"这一用语的意义。这些自由派人士中的许多人很乐意用"弱势群体(disadvantaged)、被剥夺了权利者(disenfranchised)、经济上被边缘化的人(economically marginal)、少数派(minority)和处境不妙的人(at-risk)"等诸如此类的委婉语来指称被压迫者,但这样做模糊了能解释"此时此地"(the here and now)的真实历史条件。"'此时此地'构成了(被压迫者)淹没其中、从中涌现出来并介入其中的境况"[30],被压迫者在"追求完美人性"[31] 的过程中谴责并直面压迫者。这种语言隔绝使得人民无法理解压迫者与被压迫者的辩证关系。有被压迫者,就一定会有压迫者。

由此,语言不仅是一个论争的场所,而且也是批判性反思去神秘化过程不可或缺的一种工具,该过程是觉悟的关键——弗莱雷拒绝将这一过程通俗化并简化为供所谓的第一世界进步主义教育人士使用的单纯方法。在许多情况下,这些进步主义教育人士无法摆脱"对方法和技巧的神秘化,并把觉悟简化为用于拉美成人扫盲的某种方法和技巧"。[32] 因此,弗莱雷的主要目的,正如我在上文提及的,并不是要推出一种可广泛用于世界受压迫民众的扫盲方法。他的主要目的是利用他针对特定成人学生群体的扫盲行动及后续的方法来引导民众走向觉悟。换言之,不管我们从何处来,

> 作为与我们所作用的客观现实存在辩证关系的思维存在,我们所有的人都参与到持久的觉悟过程。(当人意识到)并使自己有能力去揭示活跃的现实、认识这一现实并理解所知道的,随时间和空间变化而变化的,是觉悟的内容、方法和目标……[33]

　　对觉悟的另一个关键误解，是把这一概念看作是"一个源自热带的外来语，一种第三世界特有的独立存在。有人说觉悟是'复杂社会'无法实现的目标，似乎第三世界国家就没有自身独特的复杂性"。[34] 这种所谓第一世界和第三世界之间的错误二分，意味着另一种旨在引向某种神秘化的语言隔绝——这种分散注意力的做法充当的是一种再生机制，意在营造一个理想化的欧洲中心价值观的中心或核心，而把其他的文化表达置于边缘地位。目前针对伊斯兰和穆斯林整体的攻击便是明证，西方媒体、政治权威人士和学者往往把一个个的宗教文化极端分子归总起来，将极端主义推演到所有的穆斯林身上，把穆斯林都框定为潜在的恐怖分子。与此同时，我们又对像布道者帕特·罗伯逊（Pat Robertson）这样的西方极端主义者视而不见。他对自己的偏执和对妇女的不断攻击巧加掩饰。例如，罗伯逊称，"女权主义者的议程并非事关妇女的权利，而是事关社会主义、反家庭的政治运动，鼓励妇女离开丈夫、杀害孩子、施巫术、摧毁资本主义并变成同性恋"。[35] 如果我们用塔利班阿訇来取代罗伯逊，把"社会主义"和"资本主义"这两个词互换位置，西方政治阶层、媒体以及其他非穆斯林的宗教领袖就有机会大做文章，攻击伊斯兰的原始性质及其激进主义色彩，而对由不同文化、不同阶层和不同种族的几十亿人构成的穆斯林世界之内的多样性却视而不见。因此，西方以及世界许多地方的制度性机制运转的目的，基本上是抑制并维持这些所谓的第三世界原始文化。占主导地位的文化发出的无尽无休的话语往往让这些文化失声，以便使这些"沉默部分的文化"不为人所见，或者至少在公共讨论或公开论辩的视野中消失。置身于弗莱雷所说的觉悟过程，有助于揭示西方对建构不可见性（invisibility）的热衷，其目的是使被淹没的文化隐身，隐藏西方自身的极端主义。西方的这种极端主义与穆斯林极端主义一样恐怖。我们还能怎样描述美国在阿富汗、伊拉克和越南的野蛮行径呢？这种暴行"常常邪恶至极：无端折磨人，把活人当靶子射杀，屠杀儿童和婴儿"[36]——对于这种屠杀，宣扬珍爱生命的帕特·罗伯逊之流，毫不含糊地拒绝从伦理和政治的角度对其予以置评。我们不能或不愿参与觉悟过程，这是我们会轻易接受帕特·罗伯逊关于女权主义的露骨谎言的原因，即便我们欣然接受对第一世界和第三世界语境作此区分所隐含的错误二分——这种意识形态区分的主要功能是再造西方对第三世界"野蛮且原始的"文化的叙述，进而需要西方履行"道义责任"，来"屠杀儿童和婴儿"，以获得自我救赎——美国海军的一位高级军事官员为这种屠杀开脱，说"活该，他们长大之后就变成越共(Vietcong)"。[37]当"无人机"和"智能炸弹"不分青红皂白地在阿富汗和巴基斯坦杀害妇女儿童时,太多的美国人保持缄默,而与此同时,美国展示给世人的却一直是妇女权益和自由的倡导者形象。西方媒体、政治权威人士和多数学者也对西方的极端主义保持沉默。"前国务卿玛德琳·奥尔布赖特(Madeleine Albright)在1996年针对报道说'大规模杀伤性武器制裁'导致50万伊拉克孩子死伤作出的经典回应——'这是值得的'"[38],西方的这种极端主义由此可见一斑。

对美国外交政策这种无视(not seeing)的社会建构,与一些学者和研究人员的所作所为如出一辙。他们一方面忙着为研究并促进(比方说)海地的扫盲而撰写资助申请,而另一方面却对身边的数以万计的美国海地人熟视无睹,这些海地人在通常是位于大学周围的公立学校里苦苦挣扎并不得不从这些学校里辍学。海地2010年毁灭性的地震以及之后由联合国部队带来的霍乱暴发,让海地为西方国家所知。西方国家的反应体现了一种家长主义(paternalism),进而被转变成慈善种族主义(charitable racism),按照艾伯特·麦米(Albert Memmi)的说法,这"跟殖民主义是同体的一部分"。[39]白人学者和研究人员去海地收集数据,将成为其研究对象的处在苦难中的海地人人类学化。他们回到美国大学校园,给学生和同事讲充满异域风情的故事,出版研究成果并获得终身教职,而数十万留在海地的人却陷入贫民窟般的生活条件,用泥土做成饼干,填饱肚子充饥。另外,这些去海地研究海地人并收集数据的人类学游客,常常歧视在美国课堂里听他们课的海地学生。作为受联邦经费资助的研究项目的一部分,一位美国白人教授在20世纪80年代经常去海地。我记得问过他,为什么不抽些时间跟他大学周围的成千上万的海地人合作?他的回答很诚实,也让人悲哀:"经费资助机构不觉得生活在美国的海地人够'性感'。"如果这位第一世界的开明学者参与到诚实而严谨的觉悟过程之中,他可能就不会继续舒舒服服地以数百万的海地人的磨难为业了,而这些海地人仍未摆脱非人性化、野蛮的不平等和人类苦难的束缚。如果他能把自己的职业目标与海地主要受美国外交政策支持的压迫再造联系起来,他可能就会发现他的诚实回答有多么可悲。这位研究人员也许就会对海地人有更深的理解,并且领悟到他们目前的生活状况是由美国的干涉主义政策一手造成的。美国侵略海地,占领海地,不间断地扶持总体上与海地绝大多数人的利益相违背的右翼独裁者。通过某种诚实的反思和自我询问,这位美国白人研究者可能就会认识到,他的政治项目首要的是自己的职业晋升。如果这位第一世界的学者建立了这些联系，他可能就会谴责前总统克林顿（Clinton）和布什（Bush）因海地致命的地震之后开展的人道主义工作而被赋予圣徒般的地位。这位美国白人教育工作人士也许就会明白，这两位前总统都因其外交政策，对震前就已出现在海地的大量人类灾难负有部分责任。地震不仅恶化了数十万海地人的非人生活状况并且使之公之于众，其暴露的方式与卡特琳娜飓风如出一辙。卡特琳娜飓风使新奥尔良非洲裔美国人遭受的结构性种族主义以及对这些人的非人性化暴露无遗。鉴于海地地震恐怖至极，这位第一世界的自由派教育人士可能就不会入住"五星级"豪华皇家酒店每晚 1 320 美元的房间了，而从酒店往下看就是棚户区、连片的窝棚和帐篷，而该酒店，是由"世界银行的国际金融公司提供的 750 万美元……以及克林顿布什海地基金会提供的 200 万美元建设的"。[40] 尽管第一世界这种可憎的炫富（也显示了其堕落），标志着第一世界国家的人道主义慷慨，但地震使得一百多万海地人流离失所。他们无家可归，继续在非人的条件下生存。他们居住在窝棚和帐篷里，没有自来水，没有电，没有足够的食物让自己和家人果腹。如果这位第一世界的教育人士参与到觉悟过程之中，他可能就会发现布什和克林顿两位前总统在太子港受到成千上万的海地人欢迎时所展现出来的虚假怜悯。前总统布什与人群中一个海地人握完手之后就把手往前总统克林顿的衬衣上擦拭时，他对海地人居高临下的鄙视在 YouTube 上便在世人面前一览无遗了。

觉悟过程原本可以揭开 blans[41] 在海地享受特权的面纱。blans 指的是热衷于对海地进行异域叙事（exotic narrative）的白人或外国人，他们用这种叙事来满足殖民渴望和自己的需要——这种叙事在许多方面与海地人每天为了活下去而体验到的现实没什么关系。不管这些第一世界的白人或外国人的政治倾向如何，他们在很大程度上并没认识到，他们的干预污名截然不同于弗莱雷的

> 被压迫者教育学，（其）生命力来自于真正的、人本主义的（而非人道主义式的）慷慨，所以它呈现为人类的教育学（pedagogy of humankind）。教育学的出发点如果是压迫者的自我主义利益（这种自我主义披着温情主义虚假慷慨的外衣），并且使被压迫者成为人道主义的对象，那它本身就维护并体现了压迫。这种教育学就是一种非人性化的工具。[42]

作为体现非人性化的人道主义，这方面最好的例证是红十字会。为减轻因地震而

失去家园的几十万海地人的痛苦,该慈善机构共筹集了超过 4 亿美元的善款。该机构在超过 100 万的海地人依然无家可归的情况下,仍同意斥资数百万美元,建造了一座豪华酒店。[43] 尽管奢华的酒店可以让非政府组织和提供其他人道主义帮助的人员与其他拿着第一世界工资的白人(或外国人)朋友和同事共度"快乐时光"来缓解压力,但几十万海地人不得不为遮风避雨和填饱肚子而继续苦苦挣扎,以便可以要求"更充分人性化的本体和历史使命"。[44] 尽管外国工作人员维持了入住五星级酒店并获得医疗服务,包括心理治疗的物质条件,但因 2010 年地震而流离失所的海地人迫切想知道,充分人性化究竟意味着什么。例如,艾米·威伦茨(Amy Wilentz)

> 对麦克·麦克莱兰(Mac McClelland)的特性描写。麦克莱兰是《琼斯母亲》(Mother Jones)杂志的人权记者。因为看到最近遭强奸的一位海地妇女见到施暴者就突然崩溃这一幕,麦克莱兰患上了创伤后应急障碍症(PTSD),就好像是染上感冒病毒一样。经受了这样的痛苦经历之后,麦克莱兰公开描述了自己选择的家庭疗法:安排一位朋友强奸她,两人的关系越逼真越好。[45]

针对海地震后人道主义工作中的暴力遭遇,麦克莱兰选择的治疗法有点类固醇依赖症的意味,但在不同程度上,这也意味着压迫者的人道干预所隐含的"披着温情主义虚假慷慨外衣的自我主义"。这种人道干预被包装成慈善馈赠,反过来又集中反映了第一世界秩序以自我为中心的仁慈。这些慈善干预不仅多半以巨大的失败而告终(如海地的例子),而且第一世界人道主义者也不明白,解放唯有通过解决压迫者与被压迫者之间关系中的张力和矛盾这一过程才能实现。因此,"如果被压迫者的目标是充分人性化,仅仅靠把压迫者与被压迫者这对矛盾的条件转换一下,或者简单地变换一下两者的角色,他们就无法实现这一目标"。[46] 同理,压迫者要解放被压迫者,也不可能靠转换角色,去直接体验压迫暴力。这是压迫者甚至想继续占有被压迫者的苦难,正如麦克莱兰的例子所示。麦克莱兰对治疗法的选择与许多自由派教育人士的做法一脉相承。他们觉得有必要发布公开声明,说明自己已远离一直在受益的"支配性的行政系统"[47],办法是在孩子上学前暂时把家搬进贫民区。在弗莱雷看来,解放绝非事关暴力、人类苦难和赤贫的大众化。解放若要真正解决压迫者与被压迫者之间的矛盾,其实现的途径唯有"通过新人的诞生:这样的新人既不是压迫者,也不是被压迫者,而是处于解放过程中的人"。[48]

没办法解决压迫者与被压迫者之间的矛盾,没办法建立联系,也没办法成为弗莱雷所说的"对显而易见的现实的检视者"(tramp of the obvious),这直接与弗莱雷在《被压迫者教育学》一书中认为的盛行的储蓄式教育①的缺陷相关——通过储蓄式教育过程,

> 教育就这样变成了一种存储行为。学生是保管人,教师是储户。教师单方面滔滔不绝地讲,进行灌输,而学生耐心地接受、记忆和复述,加以存储,这就是储蓄式教育观。这种教育充其量只是让学生接收知识、将知识归类并存储知识。[49]

储蓄式教育的用武之地多半是在实用主义的穷人扫盲项目中,借由能力本位(competency-based)、技能存储(skills-banking)的教育方法,它甚至也会以职业专业化的形式,通过高等教育(针对富人的最高形态的实用主义扫盲)发挥作用。不过,尽管这两种方法有着显著的区别,但它们拥有一个共同的特点:两者都妨碍了批判性思维的培养。批判性思维可以帮助我们批判性地"阅读世界"并理解事实本身背后以及看上去似乎显而易见但不被理解的事物背后的原因和联系。通过储蓄式教育观来实施的穷人扫盲,总的来说以无意识、无意义的操练和练习为特征,"为多项选择题考试,并为通过模仿身边的心理呓语(psychobabble)写官样文章(gobbledygook)作准备"。[50] 这种储蓄式和实用主义的教育方法为麻痹思想创造了条件,正如诗人约翰·阿什贝利(John Ashbery)在"什么是诗歌?"中富有表现力地写道:

> 在学校里
>
> 所有的思想都被梳去:
>
> 留下来的就像是原野。[51]

对那些毫无批判性地接受储蓄式教育的教师来说,教育这把"梳子"隐藏在练习本和教学参考手册里,也隐含在标注并控制日常化节奏的无意识的计算机训练与实践里。这种练习流水线麻痹了学生的思维能力,给教师的讲授留出了空间,

> 讲授(教师是讲授者)导致学生机械地记忆教师所讲授的内容。尤为糟糕的

---

① banking model of education,原先的译本采用归化译法将其译为灌输式教育。为更生动、准确反映作者将盛行的教育模式形象化地比喻为银行存储式的教育,本书采用直译法,将其译作储蓄式教育。——汉译者注

是，讲授把学生变成了"容器"，变成了可任由教师"填塞"的"存储器"。教师往容器里填塞得越满，就越是好教师；这些"容器"越是顺从地接受填塞，就越是好学生。[52]

学生接着被用高风险的测试加以检测，而这种测试体现的常常是教师的讲授和学生死记硬背机械讲授的"内容"之间的一种教条式、受控制的往来。因此，这种机械的储蓄式教育的主导作用就是不可避免地建立起有利于机械学习的教育结构，而且必然把教育的优先事项归结为对资本的实用主义需要，从而麻痹学生的批判能力，以便"使学生遵守社会秩序，以实现其自我保护"。[53]

而在另一方面，驯化人们遵守社会秩序，靠的是采用同样机械的教育方法，对富人过度专门化。过度专门化一方面培养了高技能，另一方面割裂了不同知识体系之间的联系，以"纯粹"而专门科学之名，培养了专家型的人。按照西班牙哲学家何塞·奥特加·伊·加塞特（José Ortega y Gasset）的说法，这些人"对自己的小天地烂熟于心，但对其他东西都一窍不通"。[54] 事实上，无法在不同知识体系之间建立联系，往往会产生某种程度的自大。某所知名大学的一位数学教授说她有权不知道，这便是例证。她说这话是针对伊拉克战争的新闻报道，当时——也许是因为她听到同事公开反对这场战争而感到不舒服——她突然称："我有权不知道消息。"她有权（right）选择不知道，但作为生活在民主社会的学者和公民，她有责任（responsibility）知道她的领导们在做什么——当人权正受到，比方说，充满野蛮主义的政策的威胁时，她还是选择知道为好。这种政策允许在无人机的引导下对目标进行轰炸这样的恐怖行为，这就无可避免地殃及无辜的平民、妇女和孩子，而决策者认为这是"战争不幸的部分"（unfortunate part of war）或者只是"附带损伤"（collateral damage）。菲律宾总统罗德里格·杜特尔特（Rodrigo Duterte）命令海军和海岸警卫队，"一旦发现绑架者，如果他们企图逃跑，就把他们统统炸了……他们说'人质'。'抱歉，附带损伤'"。[55] 权威当局的麻木不仁和对人的生命的漠视再次暴露无遗。

通过严格界定学科边界对知识进行社会组织，进一步促进了专家类型的人，即工程师、医生、教授等的培养，而每一个职业又被细分为更狭窄的专业领域。这类专家"只熟悉一门学科，而且即便如此，他也只是熟悉自己苦心专攻的小小一隅。他甚至认为不熟悉他专攻的狭小领域之外的东西是一种美德，并且给那些对总体知识充满好奇心的人冠之以'浅薄涉猎'（dilettantism）的名号"。[56] 在狭窄的专业领域内探索绝对客观真理的神话般的需要，并不鼓励这种"浅薄涉猎"，而且在专业化的过程中，形成了一种专门化了的知识，不仅与反映社会及文化关系的哲学思想相割裂——这种哲学思想强调植根于文化中的种种观点和知识——而且隐藏在背后的是一种建立并维系由学科边界严格划定的错误二分思想。这种思想还贯穿了这样的一种观点，即"硬科学"、"客观性"和"科学活力"必须与"软科学"的杂乱数据相脱离，也必须与首先产生这些学科门类的社会、政治实践相脱离。此外，这种储蓄式教育导致知识的碎片化，从而不可避免地削弱了学生的批判意识，取而代之的是把现实作为已然加以接受，也因而损害了"批评意识，而这种批判意识来自于他们作为世界改造者对世界的干预。他们越是彻底地接受强加给他们的被动角色，就往往越是只能去适应世界的现状，适应强加给他们的对现实的碎片化的看法"。[57] 可怕的结果是，拥有最多财富、最多机会的最有特权阶层的人，放弃了作为历史力量的本体使命，他们原本可以不但改造世界，而且反思这种改造世界的行为。在弗莱雷看来，"储蓄式教育把学生的创造力降到最低，甚至抹杀其创造力，并使学生产生轻信，这符合压迫者的利益。压迫者既不关心这个世界被揭示，也不关心这个世界得到改造"。[58]

　　储蓄式教育也常被用作多数保守派教育人士和许多自由派教育人士的安全避风港。他们把自己物质主义和消费主义的教育观隐匿在弗莱雷称之为"对知识的'消化'观念（之中），这在现代的教育实践中司空见惯"[59]——这种实践认为学生是"营养不良的"，结果，使教师觉得有必要为学生提供一份不现实的阅读清单，而这份阅读清单实际上根本不会被拿到课堂里来加以讨论，这样做的借口是学生的"意识'被空间化了'（spatialized），必须被'填塞'（filled），以便认知"。[60] 我记得一位教授为学生提供了一份包含 80 页的阅读书单的教学大纲，尽管他最清楚不过，不可能在一个学期的课程里认真讨论所有这些书目。这种教育对数量的重视显然要胜过对质量的重视。这位教授还要求学生撰写一篇 40 页的论文。（为什么不是 25 页，35 页或 38 页呢？）他很少去阅读这些论文，更不用说给出全面而有深刻见解的评语。在一篇经过评改的 54 页的学生论文中，这位教授写的评语都很短，每句评语一般不会超过 2 到 5 个单词，如"优异"、"上流文化与通俗文化"、"很好"或"有启发"等。简而言之，一篇总共 54 页的论文，他写的评语累计起来共 43 个单词。这种"营养主义"教育方法遵循"使让·保罗·

萨特(Jean Paul Satre)感到惊叹的相同观念。在批评'认知即进食'(to know is to eat)
这一理念时,他感叹到:'噢,食品哲学!'"[61]——在这个过程中,"话语被转换成单纯的
'词汇存储'(教师的词汇)——学生要'进食'(eat)并'消化'(digest)的精神食粮"[62] 是
教师的知识(即无需理解知识客体的定义清单;作为工具包的方法,而这些方法的运用
让学生意识不到它们是如何附着着某种思想的,尤其是现在被用之于新技术之时;伪
装成理论的公式化文本,但鄙视实践;以及丰富的术语表)。学生被当作无思想的容器
被不断地"喂"(fed)信息,又被要求在之后的规定考试和测试中把信息"吐"(vomit)出
来。这些考试的设计,一方面是为了确认教师的超级知识/储蓄帐户,另一方面是为了
满足自我陶醉需要,这种动机为多数人道主义(而非人文主义)教育方法所固有。最
后,即便营养主义储蓄式教育方法在实施时披着进步主义的外衣,但其主要目的还是
通过教师知识的"存储"来充实学生的大脑,因此,在此教育模式之下,学生的理解"不
是来自于自己……作为学习者的创造性努力……"。[63] 这种教育与事实的再现而不是
与理解知识客体有关,所以不可避免地导致学习者丧失认识论意义上的好奇心和创造
力,因为学生的头脑里被塞满了教师强加的知识,"事实上,这种知识……几乎完全令
人疏远并与现实脱节,与学生的社会文化现实的关系即便有也是微乎其微"。[64]

本质上,弗莱雷在《被压迫者教育学》中为我们进行革命性改造提供了思想线路
图。这种改造基于实践,"不存在把这种实践分为第一阶段的反思和后一阶段的行动
这样的二分。行动与反思同步进行"。[65] 简单地说,弗莱雷激励我们所有的人去掌握批
判性反思的工具,使我们不至于忘记严酷的经济不平等、残酷的暴力和非人性化等危
险的记忆——这种非人性化需要予以痛斥。作为人类学游客研究饥饿与真实体验饥
饿之间,公开谴责暴力与从暴力中幸存下来之间,"让发声"的虚假仁慈与制度性被迫
失声之间,存在着天壤之别。我们必须对人类苦难予以痛斥,以便我们可以帮助他人
理解这种天壤之别所需的思维连贯性。因此,那些说有必要给不同肤色的人或妇女
"赋予"声音的伪批判教育人士并没有认识到,发声不是一种馈赠。发声是一种民主权
利。发声是一种人权。

弗莱雷始终强调,争取解放的斗争之所以存在,其理由就是要找回这些权利,而离
开了自主,就不可能实现这一点。反之,如果离开了与我们一起投身于争取解放的斗
争的人民的真正交融,自主也是不可能实现的。换言之,主流的批判语言只通过话语

实践来谴责社会不公,但缺乏与人民共同采取的相应行动,这体现的是一种逢场作戏式的交融。经常有这样的情况,作为人类学游客的学者(比如说)为研究项目收集数据,他们会很短暂地与民众交融,但不久之后便抛下处在苦苦挣扎中的社区,任其听凭命运摆布。与被压迫者交融,意味着愿意作出阶级和种族自裁(class and race suicide),而这样的自裁意味着远非"只是从压迫者到被压迫者,从一个空间到另一个空间的界限跨越……阶级自裁是一种复活;它需要设法从文化和思想背景中辟开一条通路。真正重要的是,有意义而持久地与被压迫者团结与共"。[66] 正如弗莱雷简洁地描述的,

> 在革命进程中否定交融,借口组织人民、加强革命力量或确保联合阵线,避免与人民对话,这实际上都是对自由的惧怕。这就是对人民的恐惧或对人民缺乏信任……革命既不是由领导者为了人民,也不是由人民为了领导者而发动的,而是靠两者不可动摇地勠力同心,共同行动来完成的。这种齐心协力只有在领导者与人民进行谦逊、友爱、勇敢的相遇时才能产生。并非所有的人都有这种相遇的勇气——但当他们逃避这一相遇时,他们就变得很僵化,待别人为"物";他们扼杀生命,而不是滋育生命;他们逃避生活,而不是探寻生活。而这些都是压迫者的特性。[67]

参考书目

1 Vivianne Rodrigues, "New York's $25,000 Dessert Sets Guinness Record," *Reuters* (November 7, 2007), http://www.reuters.com/article/us-dessert-idUSN0753679220071107.

2 Paulo Freire, *Pedagogy of the Oppressed* (New YorK: Continuum, 1970), p.67.

3 同上。

4 同上,p.66.

5 同上。

6 Stanley Aronowitz, "Forward," *Critical Pedagogy in Uncertain Times: Hope and Possibilities*, ed. Sheila L. Macrine (New York: Palgrave MacMillan, 2009), p.ix.

7 Paulo Freire and Donaldo Macedo, "A Dialogue, Language, and Race," *Harvard Education Review*, vol.65, no.3 (Fall 1995), pp.377 – 402.

8 Paulo Freire, *Letters to Christina: Reflections on My Life and Work* (New York: Routledge, 1966), p.21.

9 同上。

10 Henry A. Giroux, "Radical Pedagogy and Educated Hope: Remembering Paulo Freire."

Typewritten manuscript.

11　同上。

12　Paulo Freire and Donaldo Macedo，Typewritten manuscript.

13　Freire，*Letters to Christina*，p. 23.

14　同上，p. 41.

15　同上，p. 24.

16　同上，p. 25.

17　Anna Maria Araújo，"Prologue" in *Pedagogy of Indignation*（Boulder，CO：Paradigm Publishers，2004），p. xxvii.

18　同上。

19　https：//www. youtube. com/watch? v = 2L16M0cXV54.

20　同上。

21　Lilia I. Bartolomé，*Harvard Education Review*，vol. 64，no. 2（Summer 1994），pp. 173 - 94.

22　Paulo Freire，*The Politics of Education：Culture，Power，and Liberation*（New York：Bergin & Garvey，1985），p. 185.

23　Paulo Freire，*Cultural Action for Freedom*（Cambridge，MA：Harvard Educational Review，1970），p. 4.

24　同上，p. 4.

25　Henry Giroux，"The New Extremism and Politics of Distraction in the Age of Austerity"，*Truthout*，January 22，2013，http：//truth-out. org/opinion/item/13998-the-new-extremism-and-politics-of-distraction-in-the-age-of-austerity.

26　Arundhati Roy，"What Have We Done to Democracy?" *The Huffington Post*，September 27，2009，http：//www. huffingtonpost. com/arundhati-roy/what-have-we-done-to-demo_b_301294. html.

27　Tom Horne，interview by Allison Keyes，*Tell Me More*，National Public Radio News，May 13，2010，http：//www. npr. org/templates/story/story. php? storyID = 126797959.

28　Arundhati Roy，"What Have We Done to Democracy?"

29　Freire，*Pedagogy of the Oppressed*. p. 85.

30　同上。

31　同上。p. 35. Freire，*The Politics of Education*，p. 172.

32　同上，p. 172.

33　同上，p. 171.

34　同上，p. 172.

35　"Timeless Whoppers—Pat Robertson，" The Nation，January 10，2013，http：//www. thenation. com/timeless-whoppers-pat-robertson.

36　Jonathan Schell，"The Real American War in Vietnam，" *The Nation*，February 4，2013，http：//www. thenation. com/article/172264/real-american-wae-vietnam.

37　同上。

38　Edward S. Herman，"Beyond Chutzpah，" *Z Magazine*，February 2013，p. 6.

39　Albert Memmi，The *Colonizer and the Colonized*（Boston：Beacon，1991）.

40　Amy Wilentz，"Letter from Haiti"，*The Nation*，January 28，2013，p. 22.

41　同上。

42　Freire，*Pedagogy of the Oppressed*. p. 54.

43 Wilentz，"Letter from Haiti"，p. 22.

44 Freire，*Pedagogy of the Oppressed*．p. 55.

45 Madison Smartt Bell，"Nine Years in One Day：On Haiti，" *The Nation*，January 28，2013，p. 22.

46 Freire，*Pedagogy of the Oppressed*．p. 56.

47 同上，p. 57.

48 同上，p. 56.

49 同上，p. 72.

50 Patrick L. Courts，*Literacies and Empowerment：The Meaning Makers*（South Hadley，Massachusetts：Bergin & Garvey，1991），p. 4.

51 John Ashbery，"What is Poetry，" *Houseboat Days：Poems by John Ashbery*（New York：Penguin Books，1977），p. 47.

52 Freire，*Pedagogy of the Oppressed*．p. 72.

53 Freire，*The Politics of Education*．p. 116.

54 José Ortega y Gasset，*The Revolt of the Masses*（New York：W. W. Norton，1964）．P. 111.

55 "Duterte vows to hit militants，captives，" The Boston Globe，January 16，2017，p. A3.

56 José Ortega y Gasset，*The Revolt of the Masses*（New York：W. W. Norton，1964）．P. 111.

57 Freire，*Pedagogy of the Oppressed*．p. 73.

58 同上。

59 Paulo Freire，*Cultural Action for Freedom*（Cambridge，MA：Harvard Educational Review，1970），p. 7.

60 同上。

61 引自 Freire，*Cultural Action for Freedom*，p. 8.

62 同上。

63 同上。

64 同上。

65 同上，p. 128.

66 Paulo Freire（ed.）with James Fraser，Donaldo Macedo，Tanya McKinnon，and William Stokes，*Mentoring the Mentor：A Critical Dialogue with Paulo Freire*（New York：Peter Lang Publishing，1997），p. 316.

67 Paulo Freire，*Pedagogy of the Oppressed*（New York：Continuum International Publishing Group，2000），p. 129.

作者自序

保罗·弗莱雷

这些介绍《被压迫者教育学》的章节，源自我长达六年之久的政治流亡生活期间的观察所得。这些观察所得进一步丰富了我此前在巴西从事教育活动时的一些看法。

在分析觉悟（conscientização）①作用的培训课程里，在用真正的解放教育进行实际试验的过程中，我都遇到了本书第1章中所讨论的"对自由的惧怕"。参加培训课程的人常常会把人们的注意力引向"觉悟带来的危险"，这在某种程度上反映了他们自身对自由的惧怕。他们说，批判意识即是无法无天。另有些人则进一步说，批判意识会导致无序。不过，有些人坦言：为什么要否认批判意识呢？我曾惧怕自由。现在，我再也不怕了！

在一次这样的讨论中，小组人员在争论的是，人们对某个特定的不公正情境的觉悟，是否会使他们陷入"破坏性狂热"或者导致"自己的世界要彻底崩溃的感觉"。在争论过程中，有一位此前曾在工厂做工多年的人说："也许我是在座唯一来自工人阶级家庭的人。我不敢说我听懂了你们刚才说的所有的话，但有一点我可以说——我开始参加这个培训课程的时候，我很天真，而当我发现自己有多么天真时，我开始变得**具有批判性**。但这一发现并没有使我狂热，我也没有要崩溃的感觉。"

对觉悟可能带来的结果的怀疑，隐含着怀疑者并非总能直言不讳

---

① 觉悟这一用语指学会感知社会、政治和经济矛盾，并针对现实压迫因素采取行动。见第3章。——英译者注

地说明的一个前提：对于不公正的受害者而言，最好就是不认为自己就是不公正的受害者。然而事实上，觉悟并不会导致人们产生"破坏性狂热"。相反，它使人们可以进入作为负责任主体（Subjects）[1]的历史进程。觉悟帮助人们寻找自我肯定，从而避免狂热的产生。

> 批判意识的觉醒之所以易于使人表达对社会不满，恰恰是因为这些不满是压迫境况的真实组成部分。[2]

惧怕自由的人并不一定能意识到自己内心的惧怕，但这种惧怕足以使他见到鬼魂。这样的人实际上是在寻求慰藉，试图获得安全感。他宁可要安全，也不愿为自由冒风险。正如黑格尔所说的那样：

> 只有冒生命危险，才能获得自由；……没有冒生命危险的个体（individual），虽然无疑可以算是一个人（person），但他并没有获得作为一种独立的自我意识这样的认可的真谛。[3]

不过，人们极少公开承认自己对自由的惧怕，他们往往假装自己是自由的捍卫者，以此来掩盖——有时是无意识地——内心的这种惧怕。他们将自己的疑虑和担忧巧加掩饰，似乎这种表象适合自由卫士，但他们常把自由与维持现状混为一谈，以至于一旦觉悟要质疑现状，它似乎就会对自由本身构成威胁。

单单靠思想和研究产生不了《被压迫者教育学》。本书植根于具体的情景，描述了（农村或城市的）劳动者和中产阶级人民的种种反应。我在教育工作过程中对他们进行了直接或间接的观察。持续不断的观察使我在随后的研究中有机会修正或确证我在这部导论性的著作中提出的观点。

本书也许会引起部分读者的不良反应。有些读者会认为我关于人类解放问题的立场是纯粹的理想主义，甚或认为我关于本体使命、爱、对话、希望、谦逊以及同情等方面的讨论是一派反动"胡言"。另一些读者则可能不会（也不希望）接受我对令压迫者满意的压迫状态的谴责。因此，这部显然是尝试性的著作适合于思想激进的人。我确

---

[1] 主体（Subjects）这一用语意指主动去认知并行动的人，与客体（Objects）相对。客体是被认知和作用的对象。——英译者注

[2] 弗朗西斯科·韦福特，见保罗·弗莱雷《作为自由实践的教育》（里约热内卢，1967）一书的序。

[3] Georg Hegel, *The Phenomenology of Mind* (New York, 1967), p.233.

信,基督教徒和马克思主义者虽然可能部分甚至完全不同意我的观点,但他们会把这本书读完。但武断地采取封闭的、"非理性的"立场的读者,会拒斥我希望本书能开启的对话。

由狂热(fanaticism)滋生的宗派主义(sectarianism),往往使人丧失能力。由批判精神滋润的激进(radicalization),往往使人富有创造力。宗派主义造就神秘化,因而使人疏离。激进敢于批判,因而实现解放。激进需要对自己选择的立场矢志不渝,因而会更努力地去改造具体、客观的现实。相反,由于宗派主义神秘化且非理性,所以它把现实转变成一个虚假的(因而也就是不可改变的)"现实"。

宗派主义在任何时候都构成人类解放的障碍。令人遗憾的是,宗派主义的极右形态并不总是会产生其自然的对立面:革命者的激进化。在应对右倾宗派主义的过程中,革命者自己常常陷入宗派主义,从而变得反动起来。不过,这种可能性不应使激进主义者变成精英分子的温顺爪牙。既然投身于解放过程,在面对压迫者的暴力时,他就不会一直处于被动。

另一方面,思想激进的人绝不是主观主义者。对这样的个体而言,其主观方面只相对于其客观方面(具体现实,即分析对象)而存在。主观性(subjectivity)与客观性(objectivity)因此形成辩证统一的整体,与行动结合在一起产生知识,反之亦然。

就宗派主义者而言,不论他属于哪个派别,因被非理性所蒙蔽,所以察觉不到(或无法察觉)现实的发展变化——要不然就对其产生误解。即使这个人能辩证地进行思考,那也是以一种"被通俗化了的辩证法"去思考。右倾宗派主义者(我以前称其为**天生的宗派主义者**①)想延缓历史进程,想"驯化"时间,并因此想驯化人。当左倾的宗派主义者试图辩证地去解释现实和历史时,他会彻底地误入歧途,陷入宿命论立场。

右倾宗派主义者与左倾宗派主义者的不同之处在于:前者试图驯服现在,(希望)将来能衍生出这种被驯服了的现在,而后者认为将来是预先设定的——一种无法回避的命运或宿命。对右倾宗派主义者来说,"今天"与过去相连,是特定的和永恒不变的;而对左倾宗派主义来说,"明天"是预先安排好的,是被无情的命运所注定了的。右倾和左倾都是反动的,因为他们从各自错误的历史观出发,都形成了否定自由的行动方

---

① 见《作为自由实践的教育》。

式。一方设想的是"循规蹈矩的"现在,另一方设想的则是一个预先决定了的将来,这一事实并不意味着他们就因此而袖手旁观(前者期望现在得以延续,后者静候"已知"未来的降临)。相反,由于这些人让自己陷入了无法逃脱的"确定性循环"(circles of certainty),因此他们"创造"自己的真理。这种真理并不是愿冒险去努力创造未来的人所要追求的真理。这也不是肩并肩一起战斗并且共同学习如何创造未来的人所要追求的真理——这个未来不是施予人民去接受的既有之物,而是由人民亲手缔造出来的。无论是左倾宗派主义者还是右倾宗派主义者,他们都以同样专断的方式对待历史,心中没有人民——这是另一种背离人民的方式。

右倾宗派主义者固封在"自己的"真理之中,他们充其量只是发挥自然的作用,而偏狭、固执的左倾宗派主义者则否定自己的天性。不过,他们一直围着"自己的"真理转,如果这一真理受到质疑,他们就会觉得受到了威胁。因此,任何有悖于"自己的"真理的东西,在他们眼里都是谎言。正如记者马西奥·莫雷拉·阿尔韦斯(Marcio Mareira Alves)曾对我说的那样:"这两派都深受缺乏质疑之苦。"

"确定性循环"会把现实禁锢起来,而投身于人类解放的激进人士并不会成为"确定性循环"的囚徒。相反,人的思想越激进,就越能完全地进入现实,以至于因为对现实有了更好的了解,所以就可以更好地改造现实。他不怕面对,不怕倾听,不怕见到世界被揭开面纱。他不怕遇到人,也不怕与人对话。[1] 他并不认为自己是拥有历史和所有人的人,也不认为自己是解放被压迫者的人,但在历史中,他确确实实致力于与被压迫者并肩战斗。

接下来的篇章简要介绍了被压迫者教育学。被压迫者教育学是激进人士的任务。宗派主义者无法担此重任。

足具评判能力的读者若能帮助我纠正错误、消除误解、深化主张,并指出我没有感知到的方面,我就心满意足了。革命文化行动是一个我没有具体体验的主题,有人可能会质疑我讨论这一主题的权利。我没有亲历过革命行动,这虽是事实,但并不能否定我对这一主题进行反思的可能性。再则,在从事人民教育工作的经历中,我采用的

---

[1] "只要理论知识始终是党内少数'学究'的特权,党将面临误入歧途的危险。"罗莎·卢森堡《改革或革命》,引自 C·赖特·米尔斯《马克思主义者》(纽约,1963 年)。

是一种对话式和提问式的教育，我借此积累了比较丰富的素材，使我敢于提出本书中的种种主张。

通过这些篇章，我希望至少以下几方面得以永续：我对人民的信任，我对人们的信念，以及我对于创造一个更易让人去关爱的世界的信念。

在此，我想表达我对妻子，也就是本书的"第一读者"埃尔莎的感激之情。感谢她对我的著作的理解和鼓励。当然这著作也属于她。我也想对我的一些朋友表示感谢。感谢他们为我的初稿提出意见。尽管难免挂一漏万，但我还是要提及几个人的名字：若昂·德·维加·科蒂纽(João da Veiga Coutinho)，理查得·肖尔(Richard Shaull)，吉姆·兰姆(Jim Lamb)，迈拉(Mayra)和若维利诺·拉莫斯(Jovelino Romos)夫妇，保罗·德·塔尔索(Paulo de Tarso)，阿尔米诺·阿丰索(Almino Affonso)，普利尼奥·桑巴约(Plinio Sampaio)，埃拉尼·玛丽亚·菲奥利(Ernani Maria Fiori)，马塞拉·戈雅多(Marcela Gajardo)，若泽·路易斯·菲奥里(José Luis Fiori)和若昂·萨卡里奥蒂(João Zacarioti)。书中所提出的种种主张的责任，当然由我本人承担。

第 1 章

从价值论的观点来看，人性化（humanization）问题一直是人类的中心问题，而现在，人性化更已成为人们关注的焦点。[①] 关注人性化，马上又使人想起非人性化（dehumanization）。非人性化不仅具有存在论上的可能性，而且也是历史现实。当个体在感知非人性化的程度时，他也许会问，人性化是否有现实可能。历史长河中，在具体、客观的场景下，对人作为能意识到自身不完善的不完善存在而言，人性化和非人性化都是可能出现的事情。

尽管人性化和非人性化两者都是人类的现实选择，但只有前者才是人的使命。这种使命虽被不断否定，但反而证实了这一使命的重要性。这一使命尽管因不公正、剥削、压迫以及压迫者的暴力而受到阻挠，但是被压迫者对自由与正义的渴求，以及他们为恢复失去了的人性而开展的斗争，确证了这一使命。

非人性化，不仅体现在被剥夺了人性的人身上，也体现在剥夺他人人性（尽管方式不同）的人身上。非人性化是对人变得更充分人性化的使命的扭曲。这种扭曲在历史上发生过，但这绝不是历史使命。实际

---

① 当前的反抗运动，尤其是年轻人的反抗运动，尽管必然反映各自所处环境的独特性，但在本质上却体现了对人作为世界上以及与世界一起的存在的看法，也即对人是**什么样的**"存在"、是**怎样**"存在"的看法。这些运动批判消费者文明（consumer civilization），抨击种种官僚行为，要求大学变革（改变师生关系的僵硬本质，并把这种关系置于现实场景之中），主张改造现实本身，以使大学获得新生，攻击旧秩序和既定制度，以确立人的决策主体地位。所有这些运动都反映了我们这一时代的形态，与其说它是人类中心主义的（anthropocentric），还不如说它是人类本位的（anthropological）。

上,承认非人性化是一种历史使命,其结果不是导致犬儒主义,就是造成彻底的失望。为了人性化,为了劳动解放,为了克服异化,为了男男女女都确证为人的种种抗争,自然也将变得毫无意义。这种抗争之所以是可能的,仅仅是因为非人性化虽然是具体的历史事实,但并**不是**命中注定的,而是不公正的秩序使然。这种秩序让压迫者使用暴力,从而使被压迫者非人性化。

因为不人性扭曲了人要变得更充分人性化的使命,所以这种行为迟早会迫使被压迫者起来,与给他们造成这种局面的人作斗争。为了让这种斗争具有意义,在寻求恢复人性的过程中(这是一个创造人性的过程),被压迫者不应当反过来压迫压迫者,而应让被压迫者与压迫者双方同时恢复人性。

因此,对于被压迫者而言,这是一项伟大的人道主义历史任务:解放了自身,同时也解放了压迫者。压迫者依仗手中的权势压迫、盘剥、欺凌被压迫者,因此,在此过程中,压迫者既不可能解放被压迫者,也不可能解放自身。只有源自软弱的被压迫者的力量,才强大到足以使被压迫者和压迫者双方都获得自由。为顾及被压迫者的软弱而"软化"压迫者的权力,大凡这样的努力几乎总是以一种虚假慷慨(false generosity)的形式呈现出来。实际上,这种努力永远无法超越这一点。压迫者为了不断有机会表达"慷慨",他们还必须使不公正行之久远。不公正的社会秩序正是这种"慷慨"的不竭源泉;而死亡、绝望和贫穷滋养了这种"慷慨"。这就是为什么虚假慷慨的施予者,即便是源头受到最轻微的威胁,也会孤注一掷。

真慷慨(true generosity)恰恰就是要努力消除产生假慈悲(false charity)的根源。假慈悲限制了担惊受怕的被征服者,即"生活的遗弃者"(rejects of life),伸出颤抖的双手。真慷慨在于抗争,使得这些手——无论是个人的还是整个民族的——越来越少地为乞求他人的帮助而伸出,而越来越多地成为劳动并通过劳动改造世界的人类双手。

不过,这样的学习和教训必须来自于被压迫者自身,来自于与他们真正同心同德的人。无论是个人还是民族,通过争取恢复人性的斗争,他们都是在力图恢复真慷慨。有谁能比被压迫者更懂得压迫社会的可怕含义?有谁能比被压迫者更深切地体会到压迫的痛苦?有谁能比他们更理解解放的必要性?他们不能靠碰运气就获得这种解放,而必须通过追求解放的实践,通过认同解放斗争的必要性才能获得。因为被压迫者赋予斗争以目的,所以斗争实际上是一种充满爱的行动,这与压迫者暴力行径背后的无情正相反，即便这种无情披上了虚假慷慨的外衣。

可是，在斗争的初始阶段，被压迫者不是为了争取解放，而几乎总是想让自己成为压迫者或"次压迫者"（sub-oppressors）。他们的思维结构受制于塑造了他们的具体现实环境的种种矛盾。他们的理想是成为真正的人；但对他们来说，成为真正的人就是成为压迫者。这就是他们的人性模式。这一现象源于如下事实：在被压迫者生存经历的某一时刻，他们采取了"依附"压迫者的态度。在这样的情况之下，他们不足以清晰地"思考"自己，以使自己对象化，即发现自己"不属于"（outside）压迫者。这并不一定意味着被压迫者不知道他们被践踏。但是，他们对自身作为被压迫者的感知，会因为自己淹没于压迫现实而受到扭曲。在此层面上，虽然他们意识到了自己是压迫者的对立面，但这并不意味着他们会投身于解决这一矛盾的斗争①；被压迫者一方不是去追求解放，而是想办法认同压迫者一方。

在此情况下，被压迫者并没有看到，当解放取代了压迫，"新人"伴随这一矛盾的消除而降生。对他们而言，新的男男女女自身成了压迫者。他们眼中的新人是利己的；因为他们认同了压迫者，所以他们意识不到自己是被压迫者或被压迫阶级中的一员。他们要求土地改革，不是为了获得自由，而是要获得土地，让自己成为地主——或者，更精确地说，要成为其他劳工的老板。一旦被"提拔"为工头，鲜有农民对待以前的同伙的态度不比他的主子更狠毒。这是因为农民所处的环境，即压迫，并没有改变。在这种情况下，工头为了保住自己的饭碗，必须跟主子一样凶狠，甚至有过之而无不及。这也例证了我先前的断言，即在斗争的初始阶段，被压迫者在压迫者身上找到了"做人"（manhood）的榜样。

即便是革命，也必须面对这种现象，哪怕革命是通过解放过程来改变具体的压迫境况。许多直接或间接参加革命的被压迫者——因受制于旧秩序的神话——往往都想把革命变成私人的革命。原先压迫者的阴影依然笼罩在他们头上。

"对自由的惧怕"折磨着被压迫者。② 这种惧怕很可能会导致他们向往压迫者的角色，同样也使他们摆脱不了被压迫的角色。对于这种惧怕，我们要加以考察。在压

---

① 本书中所用的"矛盾"（contradiction）一词指的是社会对立力量间的辩证冲突。——英译者注
② 尽管表现形式明显不同，但这种对自由的惧怕在压迫者身上也可以找到。被压迫者害怕拥抱自由；压迫者害怕失去压迫人的"自由"。

迫者与被压迫者这对关系中,其基本要素之一就是**规定**(prescription)。所有的规定都意味着把一个人的选择强加给另一个人,这就转换了被规定者的意识,使其与规定者的意识相一致。由此,被压迫者的行为是一种被规定了的行为,它所遵循的是压迫者的准则。

被压迫者尽管已将压迫者的形象内化,并接受了其准则,但却惧怕自由。自由会让他们抛弃这种形象,代之以自主与责任。自由要靠征服来获取,而不能靠恩赐。对自由的追寻必须要持之以恒、认真负责。自由不是置于人身之外的理想,也不是变成神话的想法,而是人们追求人性完美过程中不可或缺的条件。

要改变压迫处境,人们必须首先批判性地看待其成因,以便通过改造行动来创造一个全新的环境,一个能使追求更充分人性化成为可能的环境。不过,使人性更趋完善的斗争,孕育在改造现状的真实斗争之中。尽管压迫境况是非人性化和使人非人性化的统一体,对压迫者与被压迫者双方都产生影响,但是为了争取更充分人性化的斗争,必须由被压迫者出于受压制的人性来为压迫者和被压迫者双方展开。压迫者因为使他人非人性化,他自己也变得非人性化了,所以不能领导这样的斗争。

但是,被压迫者已适应他们所处的统治结构,而且已顺应这种结构,所以只要他们觉得无力去冒需要冒的风险,他们便会停止争取自由的斗争。再者,他们争取自由的斗争不仅会威胁到压迫者,也会威胁到那些害怕因参与斗争而受到更大压迫的同伴们。当他们发现自己内心有了对自由的渴望之后,他们知道,只有当他们的同伴也有了同样的渴望时,这种渴望才能转化为现实。但是,一旦对自由的惧怕占据了他们的心灵,他们就会拒绝求助于他人,也不愿倾听他人的呼声,甚至不愿倾听发自自己良心的呼声。他们宁可结党营私,也不喜欢真正的同志情谊;他们宁可固守不自由状态下的安全感,也不喜欢自由甚至是追求自由所带来的创造性交流。

在内心的最深处,被压迫者经受着两重性(duality)的煎熬。他们发现,没有自由,他们就不能真实地存在。然而,尽管他们向往真实的存在,但却又害怕这样的存在。他们既是自己,同时也是内化了压迫者意识的压迫者。冲突在于选择成为完整的自我,还是分裂的自我;在于选择从内心摆脱压迫者,还是容纳压迫者;在于选择人与人之间相互团结,还是相互疏离;在于选择遵从规定,还是自作选择;在于选择做观众,还是当演员;在于选择自己行动,还是抱定通过压迫者的行动而行动的幻觉;在于选择充分发表意见,还是保持沉默,从而丧失创造与再创造的能力,丧失改造世界的能力。这是被压迫者面临的悲剧性两难问题。这正是针对被压迫者的教育必须考虑的一点。

本书将向大家展示作者称之为被压迫者教育学的一些方面。这种教育学必须是在争取恢复人性的不懈斗争中,与被压迫者(无论是个人还是民族)**一起**(with),而不是**替**(for)被压迫者建构起来的。这种教育学让被压迫者把压迫及其根源作为反思的对象,而且通过这种反思,他们必然会投身于争取解放的斗争。于是,这种教育学便在斗争中产生并得到重新塑造。

这里的主要问题是:作为分裂的、不真实之存在的被压迫者,他们怎样才能参与建构解放自身的教育学? 只有当他们发现压迫者与自己如影随形时,他们才会有助于解放教育学的建构。只要他们还生活在**"成为什么"**(to be)就是**"像什么"**(to be like),**"像什么"**就是**"像压迫者"**这样的两重性中,他们就不可能建构这样的教育学。被压迫者教育学是被压迫者批判性发现的一种工具,即被压迫者自身和压迫者都是非人性化的表现。

解放因此好似生育过程,而且充满痛苦。降生的人是一个新人,只有当所有人的人性化取代了压迫者与被压迫者这对矛盾时,才有新人的生长发育。换言之,这一矛盾的破解来自于给这个世界带来这一新生命的生产过程:不再有压迫者,也不再有被压迫者,只有处在获得自由过程中的人。

靠理想主义的方式,实现不了破解这一矛盾的目的。为了使被压迫者开展争取解放的斗争,他们断不可把压迫现实看作是没有出路的封闭世界,而应把它看成是可以改变的限制情境(limiting situation)。这种认知是解放的必要条件,但不是充分条件;它必须成为激发解放行动的动力。被压迫者与压迫者之间是一种辩证的存在,被压迫者是压迫者的对立面——离开了被压迫者,压迫者就无从存在①。这一发现本身也不构成解放。只有当被压迫者在解放自己的斗争中有了这种感知,他们才能解决这对困扰自己的矛盾。

就作为人的个体压迫者而言,情况也是如此。发现自己是一个压迫者,这也许会使他倍感苦恼,但这并不一定会使他与被压迫者同心同德。他一方面通过家长式地对

① 见黑格尔,如前引,第 236 页至第 237 页。

待被压迫者使自己的罪责合理化，而另一方面却一直把被压迫者牢牢地控制在依附的位置上，这也不会是同心同德。同心同德要求一方与他所要团结的另一方休戚与共；这是一种激进的姿态。正如黑格尔所断言，[①]如果被压迫者的特点是对其主子意识的屈从，那么与被压迫者的真正团结一致就意味着与被压迫者肩并肩战斗，以改变使他们成为"为他存在"（beings for another）的客观现实。只有当压迫者不再把被压迫者视作一个抽象的范畴，而把他们看作是受到了不公正待遇、被剥夺了发言权、被出卖了劳动力的人时——只有当压迫者不再装出虔诚、感伤、个人主义式的姿态，而是敢于做出充满爱的行动时，压迫者才能与被压迫者同心同德。只有在大量的这种爱的行动中，在爱的真实存在中，在爱的实践中，真正的团结一致才会实现。只是在口头上说说男男女女都是人，而作为人，都应该是自由的，但却没有明确的实际行动来践行这样的言论，这只会是一场闹剧。

由于压迫者与被压迫者这对矛盾的建立离不开具体的环境，因此，这一矛盾的解决办法必须**在客观**上经得起检验。这样，无论是对于发现自己是压迫者的个体来说，还是对于被压迫者来说，都提出了激进的要求，即产生压迫的具体环境必须得到改造。

提出要客观地改造现实这一激进的要求，就是要与主观上的麻木状态作斗争，因为这种麻木状态把对压迫的认可导向耐心地等待压迫自行消失。这一激进要求的提出，并不是要否认主观性在改变社会结构的斗争中所起的作用。离开了主观性，客观性也无从谈起。两者相互依存，不能被截然二分。把客观性与主观性分开，在分析现实或改造现实的时候否认主观性，这便是客观主义。反之，在分析或改造过程中否定客观性，就是拿否认客观现实来否认行动自身，从而导致主观主义，进而掉入唯我主义的泥潭。这里所主张的既不是客观主义，也不是主观主义，更不是唯心主义，而是主观性与客观性的辩证统一。

否认主观性在改造世界、改变历史的过程中的重要作用，这是天真肤浅的。这等于承认了不可能发生的事情：没有人，世界依然存在。这种客观主义立场其实与主观主义立场一样天真。主观主义认为，没有世界，人照样存在。世界与人不能离开对方

---

① 在分析主子意识与被压迫者意识的辩证关系时，黑格尔说道："一方是独立的，其本质在于为自己；另一方是附属的，其本质是为了他人而生活或存在。前者是主子，后者是奴隶。"同前，第 234 页。

而存在,两者存在于不断的相互作用之中。马克思不赞同人与世界可以分开存在的观点,其他具有批判意识的现实主义思想家也不赞同这种二分思想。马克思所批判的并科学地予以批驳的并不是主观性,而是主观主义和唯心主义。正是因为客观社会现实的存在并不是偶然的,而是人类活动的产物,因此对它的改造也不是偶然的。如果说人类创造了社会现实(在"实践的倒置"中,社会现实又反过来作用于人类,制约人类),那么,改造社会现实就是一项历史使命,就是一项人类应担负的使命。

　　有了压迫的现实,便有了人作为压迫者与被压迫者之间的对立。被压迫者的使命在于,同真正与他们同心同德的人一起进行争取解放的斗争。他们必须通过这样的斗争实践才能获得对压迫的批判性认识。获得解放的最大障碍之一在于,充满压迫的现实同化了置身其中的人,并因而泯灭了人类意识。① 从功能的角度来讲,压迫即是驯化人。为了不再成为压迫力量的牺牲品,被压迫者必须摆脱压迫,打破它的枷锁。这只有通过实践才能做到:对世界作出反思并采取行动,以改造世界。

　　　　现实的压迫,加上对压迫的意识,会使现实的压迫更具有压迫性,这就好比我

　　　　们说某些人名声不好,他们就会变得愈加名声扫地一样。②

　　"现实的压迫,加上对压迫的意识,会使现实的压迫更具有压迫性",这与主观性与客观性之间的辩证关系相契合。只有在这种相互依存的关系中,真正的实践才有可能,离开了这种相互依存关系,压迫者与被压迫者这一矛盾就无法消除。为了实现这一目标,被压迫者必须批判性地面对现实,同时把现实对象化并作用于现实。仅仅对现实有感知,而不续之以批判性干预,就不会带来对客观现实的改造——恰恰是因为这不是一种真正的感知。摒弃客观现实并臆造出某种虚假的替代,这就是一种纯主观主义感知的情况。

　　一旦客观现实中发生的变化威胁到感知者的个人利益或阶级利益,就会出现一种不同的虚假感知。在前一种情况下,这并没有带来对现实的批判性干预,因为那个现

---

① "解放行动必然与感知和意志时刻有关。解放行动既出现在这一时刻到来之前,也出现在这一时刻到来之后,先是作为前奏,随后又在历史进程中产生影响并延续下去。不过,统治行动并不一定包含这一点,因为维系统治结构的是其自身机械的、无意识的功能。"引自乔斯·路兹·费奥里(José Luiz Fiori)未出版的作品。引文已经作者许可。

② Karl Marx, Friedrich Engels, *La Sagrada Familia Yotros Escritos* (Mexico, 1962), p. 6.

实是虚构出来的;其次,也根本不可能出现批判性干预,因为这种干预与感知者所代表的阶级利益相抵触。在后一种情况下,感知者往往表现出"神经质"。事实固然存在,但事实以及由此导致的结果都会对这个人不利。因此,有必要的并不恰恰是要去否定事实,而是"以不同的方式看待事实"。作为一种保护机制,这种合理化最终与主观主义并无两样。事实本身虽未被否认,但如果其背后隐藏的真相被合理化了,这样的事实就失去了客观基础。这样的事实不再是具体的,却变成了为保护感知者所代表的阶级而建立的神话。

旨在阻挠人民批判性干预现实的种种限制和障碍(第 4 章将予以详细探讨)产生的原因之一便在于此。这种干预不符合压迫者自身的利益,对此,压迫者再清楚不过。让人们继续淹没于现状之中,面对压迫现实无力反抗,这才符合他们的利益。卢卡契(Lukács)对革命政党的如下忠告颇为贴切:

> ……他运用马克思的言论来向大众解释他们自己的行动,不仅是为了保证无产阶级革命经验的延续,而且是在有意识地促进这些经验的进一步发展。①

卢卡契肯定了这样做的必要性,他无疑是在提出批判性干预的问题。"向大众解释他们自己的行动",就是要澄清和说明这一行动,既要阐释行动本身与产生这一行动的客观事实之间的关系,也要阐释行动的目的。充满挑战的现实是他们改造行动的对象,人们对现实揭示得越充分,就越能批判性地进入这一现实。这样,他们"是在有意识地促进这些经验的进一步发展"。离开了客观现实,离开了人的"非我"(not I)和挑战他们的世界,就不会有人的行动。这就好比人类若不是一项"工程"(project),若无法超越自身,若不能感知现实、理解现实以改造现实,人类行动就无从谈起。

用辩证的观点看,世界与行动是密不可分的。不过,只有当行动不仅仅是所从事之事(occupation)而且也是未与反思相割裂的专注之事(preoccupation)时,这种行动才是人类特有的行动。反思对于行动是必不可少的。卢卡契提出要"向大众解释他们自己的行动",这一要求本身隐含着反思,正如反思也隐含于他赋予这种解释的目的,即"有意识地促进这些经验的进一步发展"。

不过,对我们来说,这种要求不是体现在向大众解释其行动之中,而是体现在与他

---

① Georg Lukács, *Lénine* (Paris, 1965), p. 62.

们就行动进行对话之中。在任何情况下,现实不会自我改造,①卢卡契赋予革命党"向大众解释他们自己的行动"的职责,这与我们需要通过实践对现实进行批判性干预的主张相一致。被压迫者教育学是投身于自身解放斗争的人的教育学,其根基即在于此。那些意识到或开始意识到自己是压迫者的人们,必须投入到发展这一教育学的行列中来。真正具有解放性质的教育学要能贴近被压迫者,不能把被压迫者看作是不幸的人,也不能以压迫者为效仿的榜样。在争取自身解放的斗争中,被压迫者必须身先士卒。

被压迫者教育学的生命力来自于真正的、人本主义的(而非人道主义式的)慷慨,所以它呈现为一种人类的教育学(pedagogy of humankind)。教育学的出发点如果是压迫者的自我主义利益(这种自我主义披着温情主义虚假慷慨的外衣),并且使被压迫者成为人道主义的对象,那它本身就维护并体现了压迫。这种教育学就是一种非人性化的工具。这就是我们早就断言,被压迫者教育学不能由压迫者来建立,也不能由他们来实践的原因。压迫者一方面要维护自己的利益,而实际上却要实施这种解放教育,这在理论上是自相矛盾的。

但是,如果推行这种解放教育需要政治权力,而被压迫者却没有这样的权力,那么怎么可能在革命开始前就实施被压迫者的教育? 这一问题至关重要,我在第 4 章里至少初步作了简要回答。我们可以在**系统化教育**(systematic education)与**教育方案**(educational projects)之间的区别之中找到答案的一个方面。前者只能由政治权力才能改变,而后者应在组织被压迫者的过程中与被压迫者一起来实施。

被压迫者教育学,作为人本主义的和解放的教育学,有两个显著的阶段。在第一阶段,被压迫者揭示压迫世界,并通过实践投身于改造压迫世界。在第二阶段,一旦压迫现实得到改造,这种教育学就不再属于被压迫者,而成为所有人在追求永恒解放过程中的教育学。无论在哪一阶段,往往都需要通过深入的行动,从文化的角度对主导文化(culture of domination)提出挑战。在第一阶段,这种对抗是通过改变被压迫者感

---

① "唯物主义学说认为,人是环境与教育的产物,因此,改变了的人是其他环境以及改变了的教育的产物。这种学说忘记了这一点: 是人改变了环境,而教育者本身也需要接受教育。"卡尔·马克思,弗里德里希·恩格斯《节选本》(纽约,1968 年)第 28 页。

知压迫世界的方法而发生的;在第二阶段,则是通过消除在旧秩序中形成并发展起来的神话而发生的,而这种神话总是幽灵般地缠绕在革命性改造所带来的新结构身上。

第一阶段的教育学必须处理被压迫者意识与压迫者意识问题,是人压迫人和人遭受压迫的问题。此阶段的教育学必须把被压迫者的行为、世界观及伦理道德等考虑在内。一个特别的问题是被压迫者的双重人格问题:他们是内心矛盾、人格分裂的存在,为充满压迫和暴力的具体环境所塑造并生存于其中。

"一方"在客观上去剥削"另一方",或阻碍"另一方"追求自我肯定为负责任的人,这样的情况均属于压迫。这种情况本身也构成暴力,即便暴力有时披上了虚假慷慨的外衣,但它阻扰了个体更充分人性化的本体和历史使命。压迫关系一旦确立,暴力**即已**产生。在历史上,暴力从来都不是由被压迫者首先发起的。如果他们自己即是暴力造成的结果,他们怎么会是发起者呢?如果客观上一开始就需要他们作为被压迫者而存在,他们又怎么会助纣为虐呢?如果没有先前的暴力情境使他们屈居被征服状态,那就不会有被压迫者存在了。

实施暴力的,不是被压迫、被剥削、不被当人看的人,而是压迫他人、剥削他人、不把他人当人看的人。引发不满的,不是不被关爱的人,而是不关爱他人的人,因为他们爱的只是自己。引起恐惧的,不是无助的人,而是残暴的人。无助的人生活在恐惧中,而残暴的人运用手中的权力营造了产生"生活的遗弃者"的具体环境。推行暴政的,不是被虐待的人,而是暴君。引发憎恨的,不是遭人鄙视的人,而是鄙视他人的人。否定人类的,不是人性遭到否定的人,而是否定他人人性的人(因此也否定了自己的人性)。操纵权势的,不是强者压制下的弱者,而是使弱者丧失能力的强者。

不过,对压迫者来说,当被压迫者对压迫者的暴力作出反应时,不忠的、"暴动的"、"野蛮的"、"缺德的"或"凶恶的"永远是被压迫者(显然压迫者从不把他们称为"被压迫者",而根据他们是不是同胞,称其为"那些人"、"盲从而嫉妒的民众"、"暴徒"、"土包子"或"颠覆分子")。

然而,似乎自相矛盾的是,正是透过被压迫者对压迫者暴行作出的反应,我们才看到了爱的姿态。被压迫者的反抗行动(这种行动总是或几乎总是与压迫者最初的暴行一样猛烈)可以在有意无意中产生爱。虽然压迫者的暴力阻止了被压迫者的充分人性化,但被压迫者对这一暴行的反应却建立在争取人性权利的愿望基础之上。由于压迫者使他人非人性化,并侵犯他人的权利,他们自己也变得非人性化了。被压迫者通过争取人性的斗争,废除了压迫者统治和压制他人的权力,他们帮助压迫者恢复了在施行压迫过程中业已丧失的人性。

被压迫者只有通过解放自身,才能解放压迫他们的人。压迫者作为压迫阶级,既不能解放他人,也不能解放自己。因此,被压迫者很有必要为解决困扰自身的这一矛盾而进行斗争;而且这一矛盾要伴随新人的诞生才能解决:这样的新人既不是压迫者,也不是被压迫者,而是处于解放过程中的人。如果被压迫者的目标是充分人性化,仅仅靠把压迫者与被压迫者这对矛盾的条件转换一下,或者简单地变换一下两者的角色,他们就无法实现这一目标。

这看似简单,其实并不然。破解压迫者与被压迫者这对矛盾,其实隐含着压迫者作为统治阶级的消亡。然而,原先的被压迫者给压迫他们的人施加种种限制,致使压迫者不能恢复先前的地位,这样的限制不构成压迫。只有当某种行为阻止他人更充分人性化时,这种行为才构成压迫行为。因此,这些必要的限制**本身**并不意味着昨天的被压迫者已变成今天的压迫者。阻止压迫政权死灰复燃的行动,不能与建立并维护压迫政权的行为相提并论,也不能与一小撮人剥夺大多数人的人性权利的行径混为一谈。

然而,一旦新政权被固化为支配性的"官僚体制"(bureaucracy),①那么这场斗争所具有的人本主义内涵便丧失殆尽,解放的可能性也就无从谈起。因此,我们坚持认为,压迫者与被压迫者这对矛盾的真正破解,并不在于仅仅变换一下立场,把双方的角色互换一下,也不在于以新的压迫者来替代原先的压迫者并继续征服被压迫者——即便一切都是以解放他们的名义。

但是,即使是由获得解放的劳动者建立起来的新情形真正破解了这一矛盾,原先的压迫者也不会感到自己获得了解放。相反,他们会真的认为自己受人压迫。受制于压迫他人的经历,任何与先前情境不同的情形对他们而言都像是压迫。以前,他们有饭吃,有衣服和鞋子穿,可以接受教育,可以去旅行,可以听贝多芬的音乐;而成千上万

---

① 这种僵化不应等同于必须施加给原先的压迫者的种种限制,以使他们无法恢复压迫秩序。相反,它指的是停滞不前的并且是背离人民的革命,使用的是压制性的、官僚的旧国家机器。(马克思经常强调,这种国家机器早就应加以坚决废除。)

的人却忍饥挨饿，没有衣服和鞋子穿，既不能上学也不能旅行，更不用说欣赏贝多芬的音乐了。对原先的压迫者而言，借社会权利之名，对他们的这种生活方式加以限制，这严重侵犯了他们的个人权利——尽管他们毫不尊重数以百万计的承受着饥饿、痛苦、悲伤和绝望煎熬并为之丧命的人。对压迫者而言，"人"（human beings）指的仅是他们自己，其他人都是"物"（things）。在压迫者看来，世上只存在一种权利：他们安宁地生活并凌驾于被压迫者生存权之上的权利。被压迫者的权利，只是压迫者妥协的结果，而且还常常得不到认可。他们作出这点妥协，也只是因为被压迫者的存在对他们自身的存在必不可少。

这种行为、这种理解世界和理解人的方式（这必然会使压迫者抵制新政权的建立），可以用压迫者作为统治阶级的经历来加以解释。暴力和压迫的情形一旦形成，便给生活在其中的人带来一整套生活方式和行为模式——压迫者和被压迫者概莫能外。压迫者与被压迫者双方都置身其中，均被烙上了压迫的印记。分析一下压迫的事实境况，我们可以发现，这些情形都源起于掌握权力的人施行的暴力行为。这种暴力，作为一个过程，经由一代又一代的压迫者被固化下来。压迫者继承了这种暴力并在暴力的氛围中成长。这样的氛围在压迫者身上形成了强烈的占有意识——占有这个世界，占有所有的人。离开了对世界和人的这种直接、具体、物质的占有，压迫者意识就无法理解自己——甚至连存在下去都不可能。谈到这种意识时，弗罗姆（Fromm）曾说，没有这种占有，"这种意识便会失去与世界的联系"。压迫者意识往往要把周围的一切都改造成为受自己支配的对象。土地、财产、生产、人类的产物、人本身、时间等——所有的一切都变成了由压迫者意识来支配的对象。

在无限制的占有欲支配下，压迫者出现了这样的一个念想：他们有能力把一切都转换成可购买的物品，由此便产生了他们纯粹的物质主义生存观。金钱是衡量一切事物的标准，利益是首要目的。对于压迫者来说，值得他们去做的，便是占有更多——永远是更多——即便以被压迫者拥有更少甚或一无所有为代价。对他们来说，**存在**（to be）就意味着**占有**（to have），并成为"富有"（haves）阶级。

作为压迫境况的得益者，压迫者认识不到，如果**占有**（having）是**存在**（being）的条件，那么占有也是所有人存在的必要条件。这就是压迫者的慷慨是虚假的慷慨的缘由。人性是"物"，压迫者将其据为己有，作为专属的权利，作为世袭的财产。对压迫者意识来说,"其他人"的人性化,人的人性化,似乎不是在追求完美的人性,而是在破坏它。

　　压迫者不会把他们这种对**占有更多**(having more)的独占权看作是一种特权,尽管这种特权使他人也使自身非人性化。他们看不到,在他们作为有产阶级并以自我为中心追求**占有**的过程中,他们成了自己所拥有的东西的牺牲品。他们不再是**存在**,他们只是**占有**而已。对他们来说,**占有更多**是不可剥夺的权利,是通过自身"努力",以"冒险的勇气"换来的权利。如果其他人不能占有更多,那是因为他们无能、懒惰,而且最糟糕的是,他们对统治阶级的"慷慨姿态"忘恩负义,且显得没有道理。压迫者之所以把被压迫者视为必须加以提防的潜在敌人,恰恰是因为被压迫者"忘恩负义"、"嫉妒成性"。

　　情况就是这样。如果被压迫者的人性化意味着破坏,那么他们的自由也同样如此;因此,有必要对被压迫者进行不间断控制。而且,对被压迫者控制越紧,压迫者就越能让被压迫者沦为显然不具生命特征的"物"。压迫者意识渴望占有,所以往往会使所遇到的一切人和物失去生命力。这一倾向无疑与虐待狂的倾向相一致。

　　对他人(或其他生命体)的完全操控而获得的快感,正是驱动虐待的本质。换一种说法就是,虐待的目的在于把人转变成物,把有生命的东西变成无生命的东西,因为通过对生命体的完全、绝对的控制,生命便丧失了一个基本特质——自由。[①]

　　虐待狂式的爱是一种扭曲的爱——迷恋死亡,而不是热爱生命。压迫者意识及其恋死癖世界观的一大特征便是施虐。为了便于统治,压迫者意识试图抹杀生命所特有的求索欲望、焦躁不安及创造力。所以,压迫者意识泯灭生命。压迫者也越来越多地把科学技术当作无可争议的强力工具来实现其目的:通过操纵和压制来维持其压迫秩序。[②]被压迫者,作为客体,作为"物",除了压迫者给他们规定的目的外,他们别无所求。

　　考虑到上述背景,另一个无疑很重要的问题随之产生:压迫者阶级中的某些成员加入到被压迫者争取解放的斗争行列,因此由矛盾的一端转向另一端。这部分人发挥

---

① Erich Fromm, *The Heart of Man* (New York, 1966), p. 32.
② 关于"社会控制的主要形式",参见赫伯特·马库斯的《单维的人》(波士顿,1965)及《爱欲与文明》(波士顿,1955)。

的作用至关重要，而且这种重要性贯穿整个斗争的历史过程。不过，虽然他们不再是剥削者，不再是冷漠的旁观者，不再单单是剥削的继承者，而转向被剥削者一方，但他们身上总免不了烙刻着出身的印记：他们的偏见与扭曲包括他们对人民的思维、追求及认知能力缺乏信心。因此，这些支持人民事业的人，时时有可能陷入一种有害的慷慨之中，与压迫者的慷慨一样有害。压迫者的慷慨滋生于不公正秩序的土壤，而为了证明这种慷慨存在的合理性，不公正的秩序必须得以维持。另一方面，由压迫者转向被压迫者一方的人，确实是想改造不公正的秩序，但由于其背景的缘故，他们相信，这场改造必须由他们来付诸实施。他们谈论人民，但不信任人民；而信任人民则是革命性改造不可或缺的前提条件。判定一个人是不是真正的人本主义者，更多应该看他对人民的信任，而不是采取了上千项有益于人民的行动但并不信任他们，因为正是这种信任才使得他投身于人民的斗争。

真正献身于人民事业的人，必须不断重新检视自己。这种转变要彻彻底底，容不得模棱两可的行为。一方面信守承诺，而另一方面却以为自己是革命智慧的独享者——而后必须把这种智慧施与（或强加给）人民——这其实还是老套路。表面上对解放事业信誓旦旦，但却不能与人民交融（communion），这样的人实在是自欺欺人。转向人民的人，虽然他们接近人民，但对人民所采取的每一步骤、所表达的每一疑惑、所提供的每一建议都心存戒备，而且试图强化自己的"地位"，那他依然是对自己的身世耿耿于怀。

转向人民一边，需要彻底的再生。经历再生的人，必须以全新的方式存在；他们不能再是先前的样子。只有与被压迫者休戚与共，转化过来的人才能理解被压迫者特有的存在和行为；而这些在不同时刻都是统治结构的反映。这其中的一个特征，便是先前提到过的存在于被压迫者身上的两重性。他们既是被压迫者自身，又是内化了压迫者形象的压迫者。因此，除非被压迫者具体"发现了"压迫他们的人，并因而来"发现了"自己的意识，否则，他们几乎总是对自己的处境持认命的态度。

只有当农民意识到自己的依赖性时，他才开始积蓄勇气去克服这种依赖。在此之前，他只会赞同主人说："我能做什么呢？我只是个农民而已。"①

---

① 一位农民在接受作者访谈时所说的话。

从表面上分析,这种宿命论有时被解释成一种顺从,是国民性特质。貌似顺从的宿命论是历史和社会处境的产物,而不是人们行为的基本特征。它几乎总是与命运、宿命或运气的力量——无法逃避的力量——或者与对上帝的扭曲看法联系在一起。在魔法和神话的左右之下,被压迫者(尤其是农民,他们实际上几乎被淹没了)①把他们的苦难,也即剥削的结果,视为上帝的旨意——好像上帝就是这种"组织化失序"(organized disorder)的创造者。

由于被压迫者淹没于现实之中,因此他们不能清晰地察觉服务于压迫者利益的"秩序"。他们已将压迫者的形象内化于心。这种秩序带来的种种限制困扰着被压迫者,他们常常因一点点小事而对自己的同伴怒目相向。

> 被殖民者首先会表现出这种深埋在骨子里的针对自己人民的攻击性。这一
> 时期,黑人相互攻击。面对北非令人瞠目结舌的一波波犯罪浪潮,警察和治
> 安官束手无策……尽管殖民者或警察一直有权拷打当地人,侮辱他,让他在
> 地上爬向他们,但你会发现,只要另一个当地人以稍带敌意或挑衅的眼光看
> 着他,他就会伸手去拿刀;因为当地人万不得已的办法就是要在同胞面前捍
> 卫自己的人格尊严。②

通过这种行为,他们可能再次流露出身上的两重性。因为压迫者存在于被压迫的同伴身上,当被压迫者攻击这些同伴时,他们也间接地攻击了压迫者。

另一方面,在被压迫者生存经历的某个时刻,压迫者及其生活方式对被压迫者产生了不可抗拒的吸引力。享受这样的生活方式成了他们的强烈渴望。在这一异化的过程中,被压迫者不惜一切代价以求使自己看上去更像压迫者,他们模仿压迫者,追随压迫者。这一现象在中产阶级的被压迫者中尤为常见,他们渴望能与上层阶级的"杰出"人物平起平坐。在对"被殖民者心态"(colonized mentality)的独到分析中,阿尔伯特·麦米(Albert Memmi)谈到了他对殖民者的鄙视感,但却又混杂着殖民者对他所具有的"强烈的"吸引力。

> 殖民者时不时枪杀成群的被殖民者,他们又何以能同时看护好自己的工人?

---

① 见 Candido Mendes, *Memento dos vivos — A Esquerda católico no Brasil* (Rio, 1966).
② Fraritz Fanon, *The Wretched of the Earth* (New York, 1968), p. 52.

被殖民者何以能一方面无情地否定自己，而另一方面却又要提出如此过分的要求？他们何以能一方面对殖民者怀恨在心，而另一方面却又对他们羡慕不已？（我自己也有这种羡慕感。）①

自我贬抑（self-depreciation）是被压迫者的另一特征。被压迫者之所以会有此特征，是由于他们内化了压迫者对自己的看法。所以，他们经常会听人说，他们一无是处，一无所知，也学不会任何东西——说他们令人作呕，懒惰成性，效率低下——久而久之，他们便会对自己的无能变得深信不疑。

农民觉得低主人一等，因为主人好像是唯一明事理并善于处理事情的人。②

他们说自己愚昧无知，而说"教授"知识渊博，所以应该听从他。强加给他们的知识标准是传统的标准。一位参加了"文化圈"的农民说道："你为什么不先把这些图片解释一下？这样我们可以省下不少时间，也不会让我们伤脑筋了。"③

他们几乎从未意识到，在处理他们与世界之间、他们与他人之间关系的过程中，他们也学会了"明白事理"。有鉴于其两重性产生的环境，他们很自然就不相信自己。

在一些教育计划中，农民一开始会经常热烈地讨论生成主题（generative theme），接着就突然停下来并对教育人员说："对不起，我们应该保持安静，让你来说。你是有知识的人，我们什么也不懂。"他们通常坚持认为，他们与动物没什么两样。即便他们的确承认与动物有区别，也总是说动物更好，"动物比我们自由"。

不过，你会惊人地发现，这种自我贬抑现象是如何随压迫处境出现的新变化而得以改变的。我曾听一位农民领导者在一次 asentamiento④ 会议上说："他们过去常说我们效率低下，因为我们偷懒，还酗酒。这全是谎言。既然我们现在被当人尊重，我们就要让每一个人都知道，我们绝不是酒鬼，也绝不是懒汉。我们遭到了剥削。"

只要被压迫者身上的这种模棱两可的心态继续存在，他们就不愿起来反抗，就会对自己完全丧失信心。他们对压迫者的坚不可摧和权力怀有难解而神奇的信念。⑤

---

① *The Colonizer and the Colonized* (Boston, 1967), p. x.
② 一位农民在接受作者的访谈时所说的话。
③ 参见第 3 章。——英译者注
④ asentamiento 指智利农业改革试验中的一种生产单位。——英译者注
⑤ "农民对主人似乎有一种本能的恐惧。"一位农民在接受访谈时所说的话。

地主权力所具有的神奇力量在农村地区尤其显著。我的一位社会学家朋友说了这么一件事。拉美某国的一群武装农民接管了一片领地。出于策略上的考虑,他们打算把领主扣为人质。但是没有一位农民胆敢去看守这位领主;他一出现,农民就会惊慌失措。也许,与领主为敌会使人产生负疚感。其实,领主已深入他们"内心"。

被压迫者只有在目睹了体现压迫者脆弱性的示例之后,他们的内心才会萌生截然不同的信念。在这之前,他们依然伤心失意,担惊受怕,沮丧满怀。[①] 只要被压迫者意识不到究竟是什么导致了自己的处境,他们便心甘情愿地"接受"剥削,就好像这是命中注定的。久而久之,当有必要为争取自由、谋求自我肯定作斗争时,他们会表现出消极、冷漠的态度。不过,渐渐地,他们也会倾向于去尝试各种反抗行动。在争取解放的过程中,既不能无视这种消极性的存在,也不能错失被压迫者觉醒的时刻。

在被压迫者对世界以及对自己不真实的看法中,被压迫者觉得自己是压迫者所拥有的"物"。对于压迫者来说,**存在**意味着**占有**,而且这种占有几乎总以牺牲一无所有者的利益为代价。对于被压迫者而言,在其生存经历的某个时刻,**存在**并不意味着要看上去像压迫者,而是要**屈居于压迫者之下**,依赖于他。因此,被压迫者在情感上是有依赖性的。

> 农民是一个依赖者。他说不上自己想要什么。还没等他意识到自己的依赖性,他就已饱受苦难。他只能在家里发发脾气。他呵斥殴打孩子,深感绝望。他埋怨妻子,认为一切糟糕透顶。他不会对主人发脾气,因为他认为主人高人一等。绝大多数时候,农民只有借酒消愁。[②]

完全的情感依赖会导致被压迫者出现弗罗姆所说的恋死癖行为:毁灭生命——自己的生命或被压迫同胞的生命。

只有当被压迫者把压迫者挖出来,并投身于有组织地争取自身解放的斗争时,他们才会开始相信自己。这种发现不能只停留在思想认识上,还必须要付诸行动;也不

---

① 见 Regis Debray, *Revolution in the Revolution?* (New York, 1967)。

② 一位农民在接受访谈时所说的话。

能仅仅局限于行动，还必须进行认真的反思：只有这样，才称得上是实践(praxis)。

具有批判性与解放性质的对话，是行动的先决条件，无论在解放斗争的哪一个阶段，都必须开展这样的对话。这种对话必须与被压迫者一起，贯穿于争取解放的斗争的各个阶段。① 对话的内容可以也应该随历史条件的改变而改变，随被压迫者感知现实的程度的变化而变化。不过，要用一言堂、喊口号、发公报等来取代对话，就等于试图用驯化的工具来解放被压迫者。要解放被压迫者，却不让他们反思性地投身到解放行动中去，这就好比是把他们视为必须从着了火的房子里抢救出来的物品一样；这会使被压迫者陷入平民主义的陷阱，把他们转变成易于操纵的民众。

在解放的所有阶段，被压迫者都必须视自己为更充分人性化的本体和承担着历史使命的人。为了不把人性内容与其历史形式错误地分离开来，反思和行动就必不可少。

坚称被压迫者要对自身的具体处境进行反思，这并不是要呼吁坐而论道。相反，反思——真正的反思——才导向行动。另一方面，当具体境况需要采取行动时，只有当行动的结果变成批判性反思的对象时，这种行动才构成真正的实践。在此意义上，实践是被压迫者新的存在理由。革命虽然开辟了这种新的存在理由的历史时刻，但若离开了意识的同步介入，革命也无法进行。要不然，行动成了纯粹的行动主义。

不过，要实现这种实践，信任被压迫者，相信他们的理性思考能力，这是十分必要的。无论谁缺乏了这种信任，都将无法进行（或都将放弃）对话、反思和交流，而只能流于空喊口号、发布公告、搞一言堂以及发布指示。只为解放事业做些表面肤浅的文章，便会带来这种危险。

被压迫者一方的政治行动必须是真正意义上的教育行动，因此，这一行动是与被压迫者一起采取的行动。为解放奋斗的人不应该利用被压迫者的情感依赖——这种依赖是具体的统治环境造就的产物，被压迫者置身于这样的环境，便形成了不真实的世界观。利用被压迫者的依赖性来产生更大的依赖性，这是压迫者的惯用伎俩。

解放者的行动必须承认这种依赖性是弱点，必须想办法通过反思和行动把依赖性

---

① 当然不是公开地进行；否则只会引起压迫者的暴怒，从而招来更严厉的压制。

转变成独立性。不过,哪怕是世界上最有善意的领导者也无法将独立性作为一种恩赐赋予他人。解放被压迫者是解放人,而不是解放物。因此,没人可以凭一己之力就能解放自己。同样,靠其他人也无法解放自己。解放是一种人类的现象,半人(semihumans)无法实现解放。任何视人为半人的努力,只能使其非人性化。由于遭受压迫,人们早已被非人性化,因此,在他们的解放过程中,不应再采用非人性化的办法。

因此,在完成解放使命的过程中,革命领导者要采用的正确方法**不应是**"解放宣传"。领导人物也不能仅仅把自由的信念"植入"到被压迫者身上,以此获取他们的信任。正确的方法在于对话。被压迫者要相信,他们必须为自身的解放而斗争,因为解放并不能拜革命的领导者所赐,而是自身觉悟的结果。

革命领导者必须认识到,他们自己对斗争必要性的信念(革命智慧中不可或缺的一部分),不是由他人赐予的——如果这种信念是真实的话。这种信念不能打包兜售;确切地说,只有通过反思和行动的有机结合,才能获得这种信念。领导人物只有自身投入到特定历史环境下的现实,才能批判这种环境并希望去改变它。

同样,被压迫者必须具备作为主体而非客体的信念,因为如果他们不具备这样的信念,就不会投身于斗争,而如果不投身于斗争,他们就等于拒斥了斗争的必要条件。他们也必须批判性地干预他们所处的并使其带有印记的环境;光靠宣传做不到这一点。这种必须进行斗争的信念(离开了这一信念,斗争就无法开展)对革命领导者是不可或缺的(其实,正是这种信念造就了领导人物),这种信念对于被压迫者来说也同样是必要的。也就是说,除非有人想替(for)被压迫者,而不是**与他们一起**来实施这种改造,否则,这种信念就是必不可少的。我相信,只有与被压迫者一起实施的改造形式才是有效的。[①]

我提出这些考虑是为了捍卫革命所具有的显著教育特征。每一时代的革命领导者都认定,被压迫者必须接受争取解放的斗争——这一点是显而易见的——他们也因而在心底里认同斗争所具有的教育属性。不过,许多革命领导者(也许出于对教育是与生俱来且是可以理解的偏见)到头来却采用压迫者所采用的"教育"方法。他们在解

---

① 这些内容将在第 4 章中作详细讨论。

放过程中否认教育行动,而用宣传来服人。

　　重要的是,被压迫者要认识到,一旦接受争取人性化的斗争,他们从那一刻起就担负起了斗争的全部责任。他们必须意识到,他们不仅仅是为免于饥饿而斗争,而是为了争取

> ……创造与建设的自由、怀疑与冒险的自由。这种自由要求个体积极参与并担负起责任,而不是当奴隶,也不是做机器上安稳的螺丝钉……人只是不做奴隶,这是不够的;如果社会条件促进机械般行动的人(automatons)的存在,那么其结果不会是对生命的热爱,而是对死亡的眷恋。①

由于被压迫者是在死气沉沉的压迫氛围中被塑造出来的,因此,他们必须通过斗争来寻找充满生机的人性化之路,但这并不仅仅在于有更多的食物可以果腹(尽管人性化的确涉及有更多的食物可以果腹,而且不得不把这方面考虑在内)。被压迫者之所以被摧残,就是因为他们的处境已把他们降格为物。为了重获人性,他们不能再是物,而必须作为人来斗争。这是根本的要求。为了日后成为人,他们不能以客体的身份进入这场斗争。

　　斗争始于人认识到自己遭受摧残。宣传、管理、操纵——一切统治手段——都不能成为使他们恢复人性的手段。唯一有效的手段是人性化的教育学。在该教育学中,革命领导者与被压迫者建立了永久的对话关系。在人性化的教育学中,教师采用的方法不再是他们(指革命领导者)借以操纵学生(指被压迫者)的工具,因为人性化的教育学体现了学生自身的意识。

> 这种方法实际上是意识在行动中体现出来的外在形式,它呈现出意识的基本特征——意向性(intentionality)。因此,意识的本质是与世界同时存在,而且这种行为是永久的和不可避免的。因此,意识在本质上是对外在事物的一种"方法",并通过构思能力(ideational capacity)来理解外在事物。因此,从该词最一般的意义上讲,意识的定义即是一种方法。②

　　革命领导者必须相应地实施共同意向的(co-intentional)教育。教师和学生(领导

---

① 弗罗姆,同前引,第 52 页至第 53 页。
② 引自阿瓦罗·平托正在编辑中的科学哲学著作。我认为引文对理解提问式教育(见第 2 章)至关重要。我也感谢平托教授在作品出版之前允许我引用。

者与人民)，共同意向于现实，不仅在揭示现实的任务并因而批判性地认识现实方面，
而且在重构这种知识的任务方面，两者都是主体。由于他们通过共同的反思和行动来
获取关于现实的知识，因此，他们发现自己是知识的永恒再创造者。这样，被压迫者就
会以应有的面貌出现在争取解放的斗争中：不是假参与(pseudo-participation)，而是全
身心地投入。

第 2 章

　　仔细分析一下校内校外各个阶段的师生关系,我们就会发现,这种关系的基本特征就是**讲授**(narrative)。这一关系包括讲授主体(教师)和耐心的倾听客体(学生)。在讲授过程中,其内容,无论是价值观念还是有关现实的实践经验,往往都会变得死气沉沉、毫无生气可言。教育正承受讲授的弊病之害。

　　教师谈论现实,就好像现实就是静止的、不变的、被分割的并且是可以预测的。要不,他讲授的主题与学生的存在经验(existential experience)毫不相关。他的任务是向学生"填塞"他要讲授的内容——这些内容与现实相脱离,与产生这些内容并赋予其意义的整体相脱节。话语被抽去了具体的内涵,变成了空洞的、被疏离了的并使人疏离的絮叨。

　　这种讲授教育的显著特征是言之响亮,但却失去了其改造力量。"四乘四等于十六;帕拉州的州府是贝伦。"学生把这些语句记录在案,把它们背下来,并加以复述。他们根本不明白四乘四到底意味着什么,也不知道"州府"在"帕拉州的州府是贝伦"这个句子中的真正意义是什么,也就是说,他不懂得贝伦对帕拉州意味着什么,而帕拉州对巴西又意味着什么。

　　讲授(教师是讲授者)导致学生机械地记忆教师所讲授的内容。尤为糟糕的是,讲授把学生变成了"容器",变成了可任由教师"填塞"的"存储器"。教师往容器里填塞得越满,就越是好教师;这些"容器"越是顺从地接受填塞,就越是好学生。

　　于是,教育就变成了一种存储(depositing)行为。学生是保管人

(depositories)，教师是储户(depositor)。教师单方面滔滔不绝地讲，进行灌输，而学生耐心地接受、记忆和复述，加以存储，这就是储蓄式教育观。这种教育充其量只是让学生接收知识、将知识归类并存储知识。无疑，他们的确有机会对所存储的东西进行收集或整理。但归根结底，在这种(充其量是)误导的体系下，人自己会因为缺乏创造力、改造力和知识而被历史所抛弃。因为离开了探究，离开了实践，一个人不可能成为真正的人。只有通过创造和再创造，通过人类在世界上、人类与世界一道以及人与人相互之间永不满足、充满希望和耐心地不断探究，知识才能产生。

在储蓄式教育中，知识是自以为博学的人对在其眼中一无所知者的一种恩赐。把他人想象成绝对的无知者，这是压迫意识的一个特征，它否认了教育与获取知识是探究的过程。教师以必不可少的对立面的形象出现在学生面前。教师认为学生的无知是绝对的，教师以此来证实自身存在的合理性。学生犹如黑格尔辩证法中所说的奴隶那样被异化了，他们接受自己的无知，以此来肯定教师存在的合理性。然而，与奴隶不同，他们绝不会发现他们同时也在教育教师。

另一方面，解放教育的存在理由在于推动调和(reconciliation)。教育必须从破解教师与学生这对矛盾入手，通过调和矛盾双方，让他们同时**互为师生**。

这一问题的解决办法不会(也不可能)在储蓄式教育中找到。相反，储蓄式教育通过以下种种态度和做法，维持甚至激化这种矛盾。这些态度和做法整体上反映了压迫社会的状况：

1. 教师教，学生被教；
2. 教师无所不知，学生一无所知；
3. 教师思考，学生是被思考的对象；
4. 教师讲，学生听——顺从地听；
5. 教师制定纪律，学生遵守纪律；
6. 教师作出选择并将选择强加于学生，学生遵从；
7. 教师行动，学生只有通过教师的行动而行动的幻觉；
8. 教师选择课程内容，学生(未经征求其意见)适应课程内容；
9. 教师把知识权威与自己的职业权威混为一谈，教师把这种权威与学生的自由对立起来；

10. 教师是学习过程的主体，而学生只是客体。

储蓄式教育把人看成是具有适应能力、可以控制的存在，这不足为奇。学生对教师教的知识存储得越多，就越不能形成批判意识，而这种批判意识来自于他们作为世界改造者对世界的干预。他们越是彻底地接受强加给他们的被动角色，就往往越只能去适应世界的现状，适应强加给他们的对现实的碎片化看法。

储蓄式教育把学生的创造力降到最低甚至抹杀其创造力，并使学生产生轻信，这符合压迫者的利益。压迫者既不关心这个世界被揭示，也不关心这个世界得到改造。压迫者利用他们的"人道主义"来维持其有利可图的地位。因此，他们几乎总是本能地反对任何教育试验，只要这种教育试验能激发批判能力，不满足于对现实的片面看法，却总要寻找到观点与观点之间、问题与问题之间的相互联系。

的确，压迫者的兴趣在于"改变被压迫者的意识，而不是改变压迫被压迫者的现状"，[①]因为被压迫者越是可以被引导去适应这一状况，他们就越是容易被统治。为了达到这一目的，压迫者利用储蓄式教育，辅之以家长式的社会行动机制。在这种机制中，被压迫者接受了"福利接受者"这一委婉的称号。他们被当作个别情况来对待，仿佛他们是偏离了"良好的、有组织的和公正的"社会的总体构造的边缘人。被压迫者被视为健康社会的祸害，所以必须通过改变他们的心态来使这些"无能和懒惰"之辈适应自己的模式。这些边缘人需要被"融入"、"纳入"他们已"离弃"的健康社会。

然而，真实情况是，被压迫者并不是"边缘人"，他们不是社会的"局外人"。他们一直是"局内人"——处在使他们成为"为他存在"（beings for others）的结构内部。解决的办法不是将他们"融入"压迫结构，而是改造这一结构，使他们成为"自为存在"（beings for themselves）。这种改造当然会损害压迫者的目的。因此，他们要利用储蓄式教育来避免学生觉悟所带来的威胁。

例如，储蓄式的成人教育方法，绝不会向学生提出要批判性地思考现实的主张。相反，这种教育要处理诸如"罗杰是否给山羊喂青草"之类的重要问题，并坚持学会"罗杰反倒是给兔子喂青草"的重要性。储蓄式教育所具有的"人文主义"一面掩饰了他们

---

① Simone de Beauvoir, *La Pensée de Droite*, *Aujord', hui* (Paris); ST, *El Pensamiento Político de La Derecha* (Buenos Aires, 1963), p. 34.

欲将人变成不动脑筋、机械行事的人的努力——这恰恰否定了他们要更充分人性化的本体使命。

　　那些运用储蓄式教育的人，不论是否有意（因为有无数善意的银行职员式的教师意识不到，他们所起的作用就是使人非人性化），都没有感知到他们要储存的东西本身包含着关于现实的矛盾。但这些矛盾迟早会使原先被动的学生转而反抗对他们的驯化，并与驯化现实的企图作斗争。通过存在经验，他们也许会发现，当前的生活方式与追求完美人性的使命格格不入。他们可能会从自身与现实的关系中察觉到，现实实际上是一个**过程**（process），经历着不断的改造。如果人是探索者，并且其本体使命是人性化，那么他们迟早会意识到储蓄式教育力图要维持他们现状的矛盾之所在，并最终投身到解放自身的斗争中去。

　　但是，人本主义的革命教育人员不能坐等这一可能性的实现。从一开始，教师的努力必须与学生的努力相一致，进行批判性的思考，追求双方共同的人性化。教师的努力必须注入对人民及其创造力的深深信任。为了实现这一目标，在教师与学生的交往中，教师必须成为学生的合作伙伴。

　　储蓄式教育容不下这样的合作伙伴关系——必然如此。为了解决教师与学生之间的矛盾，把教师作为存储者、规定者、驯化者的角色换成学生群体中的学生角色，这会削弱压迫的力量并有助于解放事业。

　　隐含在储蓄式教育之中的，是人与世界可以截然二分的假设：人只存在于世界**之中**，并非与世界或与其他人**并存**；个体是旁观者，而不是再创造者。根据这一观点，人不是一个有意识的存在（corpo consciente），而是某个意识的拥有者而已：空荡荡的"脑袋"被动地接收来自外部世界关于现实的存储。比方说，我的课桌、书本、咖啡杯等，所有在我面前的物体——我周围的零碎世界——都该在我"之内"，正如我现在置身于书房之内一样。这种观点混淆了为意识所接近（be accessible to consciousness）与进入意识（enter consciousness）两者之间的区别。不过，这种区分至关重要：我身边的各种物体只是面向我的意识但并不在我的意识之内。我意识到它们，但它们并非在我之内。

　　从储蓄式的意识观可以顺理推出，教师的职责在于规范世界"进入"学生大脑的方式。教师的任务是组织已自发产生的过程，把他认为构成真正知识的存储信息"填塞"

给学生。① 另外,由于人们是把世界作为被动的实际存在来"接受"的,因此教育应当使他们更加被动,并使之适应这个世界。受过教育的个体是具有适应性的人,因为他更"适合"这个世界。这一观念一旦转化成实践,就与压迫者的目的非常吻合。因为压迫者的安宁取决于人们很好地适应他们所建立的世界,并且越少质疑越好。

大多数人越是完全地适应由占统治地位的少数人为他们规定的种种目的(统治者由此可以随意剥夺大多数人的权利),占少数的统治者就越容易继续发号施令。储蓄式教育的理论和实践非常有效地服务于这一目的。讲究辞藻的课堂、阅读要求②、对"知识"的评价方法、教师与受教育者之间的距离、职级晋升的标准:这一套现行办法全都是为了消除思考。

银行职员式的教育人员意识不到,在他过于膨胀的角色中并没有真正的安全感。他也意识不到,一个人要生存,就必须与其他人团结一致。教师不能自说自话,也不能只是与学生共同存在。团结一致需要真正的交流,但是指导教育人员的这套储蓄式教育观念却惧怕并拒斥交流。

然而,只有通过交流,人的生命才具有意义。只有借由学生思考的真实性,教师的思考才会变得真实。教师不能替学生思考,也不能把自己的思想强加给学生。真实的思考,即是关于**现实**的思考,不会发生在封闭的象牙塔中,而只能通过交流才能产生。倘若思想果真只有通过作用于世界才产生意义,那么学生就不能从属于教师。

由于储蓄式教育始于错误地把人理解为客体,因此它不能培育弗罗姆所说的"对生命的热爱"(biophily),反而酿就了其对立面"对死亡的迷恋"(necrophily)。

尽管生命的特征是以结构性、功能性的方式成长,但迷恋死亡的人却热爱所有不生长、一切机械的东西。迷恋死亡的人有一种强烈的驱使欲望,就是要把有机体转变成无机体,机械地对待生命,似乎所有活着的人都是物……真正重要的是记忆,而不是经验;是占有,而不是存在。只有当眷恋死亡的人真

---

① 这一观点与萨特所说的"消化式的"(digestive)或"滋养式的"(nutritive)教育观相一致。在这种教育观中,教师将知识"喂"给学生,将他们"填饱"。参见 Jean-Paul Sartre, "Une idée fundamentale de la phénomenologie de Husserl: L'intentionalité," *Situations I* (Paris, 1947).

② 比如,一些教授在其阅读书目中明确规定,一本书从第 10 页到 15 页为必读内容——以此来"帮助"学生!

正占有某一客体——一朵花或是一个人——他才与之有所关联。因此，对他的所有物的威胁，便构成对他本人的威胁；如果他失去了所有物，他便失去了与世界的联系……他迷恋控制，而在控制的行为中，他扼杀了生命。[①]

压迫——压倒性的控制——具有迷恋死亡的特征；助长压迫的是对死亡的迷恋而不是对生命的热爱。为压迫利益服务的储蓄式教育，也具有迷恋死亡的特征。储蓄式教育基于机械的、静态的、自然主义的、空间化的意识观，它把学生转变成接收客体。这种教育观企图控制人的思考和行动，让人去适应这个世界，并抑制人的创造力。

一旦人们发现自己的负责任行为遇到挫折，发现自己无法施展才能，他们就会感到痛苦。"这种因无能而带来的痛苦正是植根于人的平衡受到破坏这一事实。"[②]无能力采取行动，这使人们深感烦恼，但这也使他们拒绝接受自己的无能为力，他们力图

……恢复行动能力。但他们能做到吗？他们又该如何恢复呢？一个办法是
屈从并认同有权势的个体或群体。通过象征性地参与另一个人的生活，人就
会产生行动的幻觉，但现实中，他们只能从属于行动者并成为其一部分。[③]

平民主义表现也许最能例证被压迫者的这种行为。被压迫者通过认同有魅力的领导者，慢慢觉得自己是积极有效的。在被压迫者从历史进程中涌现出来的过程中，他们表达反抗的动机，就来自于对采取有效行动的渴望。统治精英认为，这一问题的解决办法是，以自由、有序、社会安定（即统治精英的安宁）的名义，进行更严厉的统治和压制。这样，他们便可以从自身的立场出发，合乎逻辑地谴责"工人罢工的暴力行径，并同时要求政府用暴力镇压罢工"。[④]

教育作为控制活动，它促进了学生的轻信。其思想指向（通常不为教育人员所察觉）是向学生灌输适应压迫世界的观念。我们提出这个指责，并不是天真地希望统治精英会因此轻易放弃这种做法。我们这样做的目的，是要让真正的人本主义者注意如下事实：在追求解放的过程中，他们不能采用储蓄式的教育方法，因为这套方法只会否定对解放的追求。革命社会也不能从压迫社会那里沿袭这些方法。革命社会若是

---

① 弗罗姆，同前引，第41页。

② 同上，第31页。

③ 同上，第41页。

④ Reinhold Niebuhr, *Moral Man and Immoral Society* (New York, 1960), p. 130.

实施储蓄式教育，不是误入了歧途，就是不信任人民。无论是哪一种情形，都会受到反动幽灵的威胁。

不幸的是，那些拥护解放事业的人，他们本身就浸染在产生储蓄式观念的氛围之中并深受其影响，因而通常也就感知不到这种教育观真正的意义及其非人性化的力量。自相矛盾的是，在他们认为是解放的努力中，他们使用了同样的疏离工具。其实，某些"革命人士"给敢于挑战这一教育实践的人贴上了"幼稚的人"、"梦想家"甚或是"反动分子"等标签。但是，疏离人民是解放不了他们的。真正的解放——人性化的过程——不是在他们身上进行另一次的存储。解放是一种实践：是人民为了改造世界而对世界采取的行动和反思。真正投身于解放事业的人，既不会接受人作为待填塞的空容器的机械意识观，也不会以解放的名义采用储蓄式的控制方式（宣传、口号，即存储物）。

真正投身于解放的人，必须彻底摒弃储蓄式教育，而采纳人是有意识的存在的观念，这种意识是意向于世界的意识（consciousness intent upon the world）。他们必须放弃知识储存的教育目标，取而代之的是，人在与世界的交往中，不断地提出问题。提问式教育应合了意识的本质，即**意向性**（intentionality）。它摒弃了教师单向的讲授，而表现为双向交流。它体现了意识的具体特征：**有意识**（conscious of），不仅仅是对事物的意向，而且是雅斯贝斯"分裂"说（Jasperian "split"）中转而针对意识本身的意识——意识即是关于意识的意识（consciousness *of* consciousness）。

解放教育在于认知行为，不在于信息的传递。在这样的一个学习情景中，可认知客体（远非认知行为的目的）充当了认知主体双方——一方是教师，另一方是学生——的媒介。因此，提问式教育的实践一开始就要求解决教师与学生之间的矛盾。否则对话关系——为认知主体双方合作去认知同一可认知客体的能力所必不可少——无法建立。

的确，提问式教育打破了储蓄式教育的纵向模式特征。如果提问式教育无法破解上述教师与学生的矛盾，就不能实现其作为自由实践的功能。通过对话，教师的学生（students-of-the-teacher）及学生的教师（teacher-of-the-students）等不复存在，新的用语随之出现：教师学生（teacher-student）及学生教师（students-teachers）。教师不再仅仅是授业者，在与学生的对话中，教师本身也受到教益，学生在被教的同时反过来也在教育教师。他们联合起来对所有人共同成长的过程负责。在这一过程中,基于"权威"的论点再也站不住脚;为了发挥作用,权威必须支持(on the side of)自由,而不是反对(against)自由。在这里,没有人去教其他人,也没有人自己教自己。人以世界为媒介,通过可认知的客体来相互教育,而在储蓄式教育中,可认知客体仅为教师所"拥有"。

储蓄式教育(倾向于对所有事物进行二分)把教育人员的行动分为两个阶段。第一阶段,教师在书房或实验室备课时,他认知了可认知的客体;第二阶段,他给学生讲解这一客体。学生并不被要求去认知,而是去记忆教师讲述的内容。学生也没有任何认知实践,因为认知行为指向的客体是教师的所有物,而不是引发师生双方批判性思考的媒介。因此,在"保存文化与知识"的名义下,我们现有的制度既不能使人获得真正的知识,也不能使人获得真正的文化。

提问式教育并不能把教师学生的活动进行二分:教师学生不能在某个时候用"认知式的"方法,而在另一个时候则用"讲授式的"方法。无论在准备教学计划时,还是在与学生对话时,教师学生应始终用"认知式的"方法。他不把可认知客体当作自己的私有财产,而是当作自己与学生共同反思的对象。这样,提问式教育者在学生的反思中不断重塑自己的反思。学生——不再是温顺的聆听者——现在通过与教师进行对话成为具有批判意识的共同探究者(co-investigators)。教师把材料提供给学生供其思考,当学生发表自己的看法时,教师又重新思考自己早先的想法。提问式教育者的角色,是与学生一起创造条件,使信念(doxa)层面的知识为理念(logos)层面的真正知识所取代。

储蓄式教育麻痹并抑制创造力,而提问式教育不断揭示现实。前者试图维持意识的淹没状态(submersion);后者则尽力让意识涌现出来(emergence),并对现实进行批判性干预(critical intervention)。

随着学生越来越多地面对与他们自身在世界上以及与世界之间关系相关的提问,他们感受到的挑战也越来越大,而且不得不对这样的挑战作出回应。由于学生理解挑战是与总体背景下的其他问题相互关联的,而不是作为一个理论问题,由此而产生的理解往往越来越具有批判性,因此对人的疏离程度也日益降低。他们对挑战作出回应,这又激起新的挑战,随之而来的是新的理解;慢慢地,学生认为自己是尽心尽力的。

教育作为自由的实践——与教育作为控制的实践相反——否认人是抽象的、孤立的、自立的、与世界没有关联的；它也否认世界是作为脱离人的现实而存在的。真正的反思所考虑的，既不是抽象的人，也不是没有人的世界，而是与世界关联的人。在这种关联中，意识与世界同时存在；意识既非先于世界，也非后于世界而存在。

> 意识与世界是共在一体的：世界是意识的外在体现，世界与意识本质上相互关联。①

我们在智利建立的一个"文化圈"里，大家在讨论（基于一个编码）②人类学的文化观。讨论中，一位按照储蓄式教育的标准来说完全是无知的农民说道："现在我明白了，没有人也便没有世界。"当教育人员回应说："为了讨论，我们假定地球上所有的人都将死去，但地球本身仍然存在，与它共存的还有树木、鸟儿、河流、海洋、星星……难道这不是世界吗？""哦，不对"，农民断然地回答道，"那样的话就没有人会说：'这是一个世界。'"

这位农民想表达的意思是：那样的话，会缺少一种关于世界的意识（consciousness of the world），而关于世界的意识必定包含意识的世界（world of consciousness）。没有**非我**（non-I）便没有**我**（I）的存在。反之，**非我**依赖**我**而存在。决定意识存在的世界，变成了**反映**这种意识的世界。因此，也便有了前面引用过的萨特所说的："意识与世界是共在一体的。"

伴随着同步反思自身与世界，人增加了感知的范围，他们开始把观察转向以前不为人注意的现象：

> 在严格意义上的感知，作为一种显性的知觉，我朝向对象，比如说一张纸。我把它把握为此时此地的存在。这种把握是一种选出行为，因为每一客体都有其经验背景。纸的周围有书本、铅笔、墨水瓶等，在某种意义上，这些物体在"直观场"中也被感知为在那里；但当我转向纸的时候，我根本没有转向它们，也没刻意去把握它们。它们对我显现，但并没有被单选出来，没有因其自身而被设定。对每一事物的感知都有这样的一个背景直观（background intuitions）或背景觉察（background awareness）的晕圈，哪怕"直观"已经把朝

---

① 萨特，同前引，第32页。
② 见第3章。——英译者注

向状态包括在内,而且这也是一种"意识体验",或者更简单地说,这实际上是对存在于被共同感知的客观背景中的所有事物的"意识"。①

已经客观存在但没在更深层意义上被人感知的事物(哪怕的确曾被人感知)开始"显现出来",具有问题并因而也是挑战的特征。因此,人们开始把一些要素从"背景觉察"中选取出来并加以反思,这些要素现在成了他们思考的对象,并进而成了他们行动和认知的对象。

在提问式教育中,人们形成了批判性感知自身在这个世界中的**存在方式**的能力,他们发现自己存在于这个世界**之中**并与之共存。他们逐渐明白,世界并不是一个静态的现实,而是一个处在变化过程之中、处在改造之中的现实。尽管人与世界的辩证关系独立于这些关系是如何被人感知的(或者是否确实被人感知)之外而存在,但他们采取何种行动在很大程度上也确实取决于他们在这个世上是如何感知自己的。因此,教师学生与学生教师同时反思自身与世界,而不是将反思与行动分离开来,由此建立起真正的思想和行动模式。

我们在分析的两种教育观念和做法还有其他相冲突的地方。储蓄式教育(出于显而易见的理由)试图通过神化现实来掩盖某些事实,而这些事实正可以解释人类在世界上的存在方式;提问式教育则担负起去神化的任务。储蓄式教育抗拒对话;提问式教育则认为,对话对揭示现实的认知行为不可或缺。储蓄式教育把学生看作是需要帮助的对象;提问式教育则把他们塑造成批判性的思考者。通过将意识与世界分离开来,储蓄式教育抑制创造力并且驯化意识的**意向性**,从而也就否认了人要更充分人性化的本体和历史使命。提问式教育立足于创造力,促进对现实的真正反思和行动,因此是对人作为真实存在的使命的回应,而人只有在投身于探究与创造性的改造之时才是真实的。总之,储蓄式教育的理论与实践,作为固定化的力量,不承认人是历史存在;而提问式教育的理论与实践则以人的历史性(historicity)为出发点。

提问式教育肯定人是处在**形成**(becoming)过程中的存在——是不完美、未完成的存在,存在于同样不完美的现实之中并与之共存。其实,与其他不完美但不具有历史

---

① Edmund Husserl, *Ideas—General Introduction to Pure Phenomenology* (London, 1969), pp. 105 - 106.

性的动物相比,人知道自己的不完美;他们也清楚自己的未完成。这种未完成性以及这种意识,正是教育作为人类特有的现象的根基之所在。人类的不完美性与现实的改造性质,使教育有必要成为一种持续不断的活动。

教育就这样在实践中不断得以重新塑造。为了**存在**(be),教育必须促进**形成**(become),教育的"持续性"(duration)(从柏格森派哲学意义上来说)反映在**变化**(change)与**永恒**(permanence)两个对立面之间的相互作用之中。储蓄式教育强调恒定不变,因此是反动的;提问式教育——接受的既不是"循规蹈矩的"的现在,也不是预先决定的将来——扎根于动态的现在,因此具有革命性。

提问式教育预示着革命的未来性(futurity)。因此,它有预见(从而也充满希望)。因此,它回应了人类的历史特性。因此,它肯定人是超越自身的存在,是向前走、朝前看的存在。对他们来说,固定性意味着致命的威胁,回顾过去只是一种把自己的归属弄得更明白的方式,以便能更明智地构筑未来。因此,它认同把人当作能意识到自身不完善的存在的运动——这是一场有出发点、有主体、有目标的历史性运动。

这一运动的出发点在于人本身。但人的存在离不开世界,离不开现实,否则就不能存在,所以这一运动必须始于人与世界之间的关系。因此,这一出发点也必须总是立足于"此时此地"的人。"此时此地"构成了人淹没其中、从中涌现出来并介入其中的境况。只有从这一境况出发——它决定了人对这一境况的感知——人才能开始前进。要真正做到这一点,人不能把自己的状态看作是命中注定的、不可改变的,而只是有限的——因而也是具有挑战性的。

储蓄式教育法直接或间接地强化了人对自身处境的宿命式感知,而提问式教育法则把同样的处境作为问题向他们提出来。由于这种处境成了他们的认知对象,因此,导致宿命论产生的那种天真或神奇的感知将不复存在,取而代之的是这样的一种感知:即使在感知现实时也能感知自身,并因而能批判性地客观看待现实。

深深地意识到自身的处境,可以使人们把这一处境理解为易被改造的历史现实。改造与探究的动力替代了顺从,人们觉得改造与探究已在自己控制之下。人作为必然与他人一起致力于探究行为的历史存在,如果不能控制该行动,那将会(也确实)违反人性。凡有人要阻止其他人投身于探究过程,这样的情形都是暴力情形。采用的方法并不重要,但把人与自我决定割裂开来,就等于把人变成了客体。

这种探究行动必须指向人性化——人的历史使命。不过,追求完善的人性不能在孤立状态和个人主义思想下进行,而只能在伙伴关系与团结一致中进行;因此,它不能在压迫者与被压迫者的对立关系中开展。当一个人要阻止他人真正人性化时,他自己就不可能真正地人性化。从个人主义的角度试图使自己变得**更富有**(to be more)人性,只会使人以自我为中心**占有更多**(having more),这是一种非人性化的表现形式。这并不是说,为了**变得**(to be)人性化,**占有**(to have)不重要。正是因为它**是**必需的,所以一些人的**占有**不应该妨碍另一些人的**占有**,不应该去巩固前者的力量而去打压后者。

提问式教育,作为一种人本主义和解放的实践,认为受统治的人必须为自身的解放而斗争尤为根本。为了达到这一目的,提问式教育通过克服权威主义(authoritarianism)和使人疏离的理智主义(intellectualism),使教师与学生双方都成为教育过程的主体;它也使人们克服对现实的错误感知。世界——不再是欺骗性话语所能描写的——变成了人们改造行动的对象,人性化随改造行动而得以实现。

提问式教育不是也不能为压迫者的利益服务。没有一种压迫秩序会允许被压迫者开始问这样一个问题:为什么?尽管只有革命社会才能系统地开展提问式教育,但革命领导者并不需要等到完全掌握权力以后才运用这种方法。在革命过程中,领导者不能借口权宜之计,把储蓄式教育当作临时措施,指望日后再采用一种真正革命性的方法。他们必须从一开始就是革命性的——也就是说,从一开始就采取对话的方式。

第 3 章

　　当我们试图把对话当作一种人类现象来加以分析时,我们发现了对话本身的本质所在：**字词**(word)。但字词不仅仅只是实现对话的工具;因此,我们必须找到字词的构成要素。我们在字词身上找到了两个维度：反思与行动,两者从根本上相互作用,如果舍弃了一个方面——即使是部分地舍弃——另一个方面马上就会受到损害。真实的字词同时也是一种实践。① 因此,说出一个真实的字词,就意味着改造世界。②

　　不真实的字词不能改造现实。构成字词的两个基本要素若被截然二分,就出现了不真实的字词。当一个字词被剥离了其行动的一面,反思也就会自然而然受到损害。这个字词就被转变成了闲言碎语,变成**空谈**(verbalism),变成被人疏离或者疏离人的"废话"。它变成了一个空洞的字词,一个不能谴责世界的字词,因为离开了改造,谴责就不可能实现,而离开了行动,也就没有改造。

　　另一方面,如果只强调行动,而忽视反思,字词就转变成了**行动主义**(activism)。行动主义——为行动而行动——否定了真正的实践,使对话无法实现。无论是反思被剥离了行动,还是行动被割离了反思,都将造就不真实的存在形式,同时也会产生不真实的思维形式,并因而强化了原先的反思与行动之间的割裂。

　　人的存在不能是静默的,也不能靠虚假的字词来汲取养分,而只能

---

① 行动 ⎫
　反思 ⎬字词＝工作＝实践　牺牲行动＝空谈　牺牲反思＝行动主义

② 这其中的某些想法是与埃尔纳尼·玛丽亚·菲奥里(Ernani Maria Fiori)教授交谈的结果。

靠真实的字词来得到滋养。人靠说出真实的字词来改造世界。充满人性地生存,就意味着**命名**(name)世界,改变世界。一旦被命名,世界进而又作为问题再现给命名者,要求他们进行新的**命名**。人不是在静默中,①而是在字词、在劳动、在行动与反思的统一(action-reflection)中得到确立的。

但是,尽管说出真实的字词——它是劳动,是实践——就意味着改造世界,但说出真实的字词不是少数几个人的特权,而是人人都享有的权利。因此,在剥夺了他人说话权的规定性行为中,谁也无法独自说出一个真实的字词——他也不可能**替**别人说出这样的字词。

对话是人与人之间的相遇(encounter),以世界为媒介,旨在命名世界。因此,对话不会在想要命名世界的人与不想要这种命名的人之间发生,即不可能在剥夺他人话语权的人和被剥夺了话语权的人之间展开。被剥夺了基本话语权的人,必须首先重新夺回自己的这种权利,并防止这种非人性化侵犯被延续。

如果人通过命名世界来改造世界恰恰是反映在他们说出的字词中,那么对话本身就变成了他们实现作为人的意义的途径。对话因此是人类的生存必需。既然对话是相遇,对话者在相遇中针对待改造和待人性化的世界进行联合反思与行动,因此,这种对话不能被沦为一个人对另一个人的思想的"存储"行为,也不能变成待讨论者"消费"的简单思想交流。对话也不是这样的人之间的一场充满敌意、强词夺理的争论:这样的人既不致力于命名世界,也不致力于追求真理,而一心想把自己的真理强加于人。因为对话是命名世界的人之间的相遇,所以对话不应出现一些人代表另一些人命名世界的情况。对话是一种创造行为。对话不应成为一个人控制另一个人的巧妙手段。对话中隐含的控制,是对话者共同对世界的控制;对话是为人类解放而征服世界。

不过,缺乏对世界、对人的真挚的爱,对话就不能存在。对世界的命名是一种创造

---

① 我显然不是指沉思时的静默,沉思过程中,人只是表面上脱离了世界,以便从整体上对世界进行思考,因此人仍然跟世界在一起。但这种静默只有当沉思者"沉浸"在现实之中时才是真实的,而当静思只是鄙视现实,逃避现实,处在一种"历史精神分裂"(historical schizophrenia)之中时,它便是不真实的。

与再创造的行为,若不倾注爱,是不可能实现的。[①] 爱是对话的基础,是对话本身。爱因此就必须是负责任的主体要担负的任务,而在控制关系中,爱不存在。控制展示的是一种病态的爱:控制者是虐待狂,而被控制者则是受虐狂。因为爱是充满勇气而不是充满恐惧的行为,因此,爱是对他人的一种承诺。哪里有被压迫者,爱的行为就意味着投身于被压迫者的事业——解放的事业。而且,因为这种投入充满了爱,所以体现出对话特征。作为一种勇敢的行为,爱不能是多愁善感;作为一种自由的行为,爱不应充当操纵的借口。爱必须产生其他的自由行为,否则就不是爱。只有废除压迫境况,才可能重新获得爱,因为压迫境况不会滋生爱。如果我不热爱世界——如果我不热爱生活——如果我不热爱人民——我就无法进行对话。

另一方面,如果没有谦恭(humility),也不可能进行对话。人通过命名世界来不断重新创造世界,命名世界不能是一种居高自傲的行为。对话作为投身于学习与行动这一共同任务的人之间的相遇,如果对话双方(或一方)缺乏谦恭,对话就会破裂。如果总觉得别人愚昧无知而意识不到自身的无知,那么我如何开展对话? 如果我自命不凡、自以为不同于其他人——在他们身上只看到"它们"(its),而看不到别的"我",那么我怎么进行对话? 如果我自认为是"纯洁的"圈内人,是拥有真理和知识的人,而圈外人都是"庶民"或"下层民众",那么我怎么开展对话? 如果我一开始便假定,对世界的命名是精英分子的任务,普通人在历史中的存在是一种退化(deterioration)的迹象,因此应予避免,那么我怎么能进行对话? 如果我对别人的贡献充耳不闻,甚至感到不舒服,那么我怎么对话? 如果我担心自己被别人取代,哪怕是再小的可能性也让我痛苦和软弱,那么我怎么能对话? 自满自大与对话是不相容的。缺乏(或失去了)谦恭的人,无法接近人民,不能成为与他们一起命名世界的伙伴。无法承认自己与他人一样

[①] 我越来越相信,真正的革命者必须把革命理解为一种爱的行为,因为革命具有创造和解放的性质。对我来说,若没有革命理论,就不可能进行革命——因此,革命是科学——革命与爱并不是不相容的。相反,革命被人们用来实现人性化。实际上,除了人性化,还有什么更深层的原因可以使个体变成革命者呢? 资本主义世界扭曲了"爱"这个词,但不能阻止革命在本质上就是爱,也不能阻止革命者确认对于生活的爱。格瓦拉(Guevra)(尽管承认"看似荒唐的危险")不怕下定论:"让我说,真正的革命者要由强烈的爱作指引。我这么说虽然有看似荒唐的危险,但离开了爱这种品质,难以想象真正的革命者会是什么样。"——*Venceremos—The Speeches and Writings of Che Guevara*, edited by John Gerassi (New York, 1969), p. 398.

是凡人的人,离到达相遇点还有漫长的路要走。在相遇点上,既没有完全的无知者,也没有完美的圣贤,而只有想一起懂得比现在更多的人。

对话还需要对人有高度的信任,相信他们的制造与再制造、创造和再创造的能力,相信他们更充分人性化的使命(这并不是精英的特权,而是所有人与生俱来的权利)。对人的信任是开展对话的先决条件;"对话的人"(dialogical man)在与他人面对面之前就相信他们,但他的信任不是天真的。"对话的人"具有批判性,知道尽管创造与改造是在人类能力范围之内,但在疏离的具体环境中,个体在运用这种能力时会受到削弱。不过,这种可能性丝毫不削弱他对人的信任,他反而觉得这是他必须应对的挑战。他深信,这种创造和改造的力量即使在具体环境中遭遇挫折,也会得到再生。这种再生会在给生活以热情的解放劳动取代奴隶劳动的过程中出现——不会自然而然地出现,而要在争取解放的斗争中并通过这样的斗争才能出现。离开了对人的信任,对话就不可避免地沦为家长式操纵的闹剧。

只有建立在爱、谦恭和信任的基础之上,对话才会变成一种平行的关系,对话者之间的互相信任是逻辑结果。如果充满爱、谦恭和信任的对话产生不了这种互相信任的氛围,以使对话双方在命名世界时进入更加紧密的伙伴关系,那么这无疑是自相矛盾的。相反,我们在体现了反对话关系(anti-dialogics)的储蓄式教育方法中显然找不到这种信任。虽然对人的信任是对话的先决条件,但信任是要通过对话建立起来的。如果对话没能实现,那肯定是因为缺少了先决条件。虚假的爱、虚假的谦恭以及对别人缺乏信心是无法产生信任的。信任只有在一方把自己真实、具体的意图告诉别人时才会产生;如果言行不一致,信任就不可能存在。说一套,做一套——说话不负责任——不能唤起信任。吹捧民主但却让人民失语,这是闹剧;宣扬人本主义但却否定人民,这是谎言。

离开了希望,对话也同样不可能存在。希望源于人的不完善,通过不断探索,人寻求变得完善——这种探索只有在与他人的沟通中才能实现。绝望是静默的一种形式,是一种否定世界、逃避世界的方式。由不公正秩序造就的非人性化,不是导致绝望的理由,而是产生希望的动力。这种希望会使我们不懈追求因不公而被否定了的人性。不过,希望并不能袖手等待。只要我战斗,希望就推动我向前,如果我满怀希望地战斗,我才可以等待。由于人与人之间的相遇为的是追求更完善的人性,所以,对话在绝望的氛围中是不可能进行的。如果对话双方不指望双方付出的努力会有什么结果,那么他们的相遇将会空洞而没有实际价值,武断且乏味。

最后,对话双方如果离开了批判性思维(critical thinking),也不会出现真正的对话。批判性思维认识到人与世界之间存在着一种不可分割的统一关系,而且不认可与世界分离开来;批判性思维把现实看作是一个过程,是一种改造,而不是一个静态的实际存在;这种思维不把思维本身与行动分开,而是不断让自己浸没在时间性(temporality)之中,不惧相关的风险。批判性思维与天真思维(naive thinking)形成鲜明对照,天真思维视"历史时间为衡量单位,是对过去的获得(acquisitions)和经历的层次化"(stratification),①而从中涌现出来的现在,应该是规范化的和"循规蹈矩的"。对于思维天真的人来说,重要的是适应这个规范化的"今天"。对于批判性思维者来说,重要的是对现实进行不断改造,是为了人的不断人性化。用皮埃尔·弗特(Pierre Furter)的话来说:

> 目标不再是抓住确定的空间,以消除时间性带来的风险,而是使空间时间化……展现在我面前的宇宙,不是作为空间,构成我只能适应的一个巨大存在,而是作为一个范围,一个伴随我的行动而不断得以塑造的领域。②

就天真思维而言,目标恰恰是紧紧抓住这种确定的空间并适应它。这样就否定了时间性,因而也就否定了自身。

只有要求进行批判性思维的对话,才能产生批判性思维。没有对话,就没有交流;没有交流,也就没有真正的教育。能解决教师与学生这对矛盾的教育发生在这样的情况之下:教师和学生把他们的认知行为导向作为他们媒介的对象。因此,教育的对话特征,作为自由的实践,并非始于教师学生与学生教师在教学情景中相遇,而始于教师学生首先问自己要与学生教师**就什么内容**进行对话。而且,专注于对话内容,实际上就是专注于教育的课程内容。

对于反对话的储蓄式教育人员来说,内容问题只与他要给学生讲的课程有关;而且通过组织自己的课程,他回答自己的问题。对于开展对话、实施提问式教育的教师

---

① 出自一位朋友的来信。
② Pierre Furter, *Educaçāoe Vida* (Rio, 1966), pp. 26 - 27.

学生而言,教育的课程内容既不是恩赐,也不是灌输——把林林总总的信息存储在学生身上——而是有条理、有系统、完整地把个体希望能更多了解的东西"再现"给他们。①

　　真正的教育不是 A **为** B("A"*for*"B"),也不是 A **关于** B("A"*about*"B"),而是 A **与** B **一起**("A"*with*"B"),以世界为中介来实施的——这个世界给双方都留下了印象并提出了挑战,从而产生种种关于这个世界的看法或观点。如果这些看法或观点充满着焦虑、疑惑、希望或甚至绝望,就必然包含着重要的主题(themes)。教育的课程内容就可以建立在这些主题基础之上。天真的人本主义渴望建立一种"好人"(good man)的理想模式,但它常常会忽略真实的人所处的具体的、现实的、当前的情境。用皮埃尔·弗特的话说,真正的人本主义"在于允许我们充分人性化意识的涌现,无论是作为一种条件和作为一种义务,还是作为一种境况和作为一个方案"②。我们不能简单地以储蓄式教育的方式把"知识"赐予劳动人民——城市居民或农民③,或者在我们自己组织的课程内容之中把"好人"的模式强加给他们。许多政治和教育计划均以失败告终,原因是这些计划的制订者是根据自己个人对现实的看法来制订的,从来没有考虑过(除了仅作为其行动的对象)**处于情境中的人**(men-in-a-situation),而这些计划所针对的无疑就是这些人。

　　对真正具有人本主义精神的教育人员和真正的革命者来说,行动的目的在于他们与其他人一起——而不是单靠其他人自身——去改造现实。压迫者是凌驾于民众之上,向他们灌输思想,并让他们去适应必须保持完好无损的现实的人。然而,不幸的是,革命领导者在渴望得到人民对革命行动的支持时,他们常常自上而下独断地设计课程内容。革命领导者带给农民或城市群众的方案,也许只符合他们自己的世界观,

---

① 在与马尔罗(Malraux)的一次长谈中,毛泽东说:"你知道,长期来我一直强调:凡是群众身上我们弄不明白的,我们必须明明白白地教给他们。"(André Malraux, *Anti-Memoirs* (New York, 1968), pp. 361 - 362)这一论断包括了如何构建教育的课程内容的完整的对话理论。教育的课程内容不能根据**教育者**认为最适合**学生**的东西来设计。

② 弗特,同前引,第 165 页。

③ 后者通常淹没在殖民环境中,他们总是与自然世界紧密相联。在此关系中,他们觉得自己是自然世界的组成部分而不是自然世界的塑造者。

而不符合人民的世界观。[①] 他们忘了,他们的基本目标就是与人民一起战斗,旨在找回人民已失落了的人性,而不是要"把人民赢到"他们这一边。这样的说法不属于革命领导者的语汇,而属于压迫者。革命者的任务是,与人民一道实现解放与被解放——而不是"赢得人民"。

在政治活动中,统治精英利用储蓄式观念来强化被压迫者的消极被动,这与被压迫者意识的"淹没"状态相吻合。统治精英利用这种消极被动,用口号"填塞"这种意识,而口号只能使被压迫者对自由产生更大的恐惧。这种做法与真正的解放行动过程背道而驰。解放行动把压迫者的口号作为问题呈现出来,由此帮助被压迫者从内心"消除"这些口号。毕竟,人本主义者的任务无疑不是要让自己的口号与压迫者的口号一较高低,拿被压迫者作试验,先"接受"第一方的口号,然后再"接受"另一方的口号。相反,人本主义者的任务是要看到被压迫者开始意识到这样一个事实:作为双重人格的存在,如果在自己的内心"隐居着"压迫者,他们就不可能实现真正的人性化。

这项任务意味着,革命领导者走向人民的目的,不是为了给他们传递"救世"的信号,而是为了通过与他们的对话,使他们终于明白他们所处的**客观情境**(objective situation)以及他们对这一情境的**觉察**(awareness)——对于自己以及对于生存其中并与之共存的世界的不同层次的感知。如果一项教育或政治行动计划离开了对人民独特的世界观的尊重,那它就不能指望产生积极的效果。尽管这种计划的初衷是好的,但却构成了**文化侵犯**(cultural invasion)。[②]

组织教育课程内容或政治行动的出发点,必须是当前的、现实的、具体的情境,能反映人民的意愿。在利用某些基本矛盾时,我们必须把这种当前的、现实的、具体的情

---

① "文化工作者必须有为人民服务的高度的热忱,必须联系群众,而不能脱离群众。要联系群众,就要按照群众的需要和自愿。一切为群众的工作都要从群众的需要出发,而不是从任何良好的个人愿望出发。有许多时候,群众在客观上虽然有了某种改革的需要,但在他们的主观上还没有这种觉悟,群众还没有决心,还不愿实行改革,我们就要耐心地等待;直到经过我们的工作,群众的多数有了觉悟,有了决心,自愿实行改革,才去实行改革,否则就会脱离群众。……这里有两条原则:一条是群众的实际上的需要,而不是我们脑子里头幻想出来的需要;一条是群众的自愿,由群众自己下决心,而不是由我们代替群众下决心。"选自《毛泽东选集》第三卷"文化工作中的统一战线"(1944年 10 月 30 日)(北京,1967)第 186 至 187 页。
② 这一点将在第 4 章中进行详细分析。

境作为挑战人民且需人民作出应对的问题向人民提出来——不仅是在认知层面，而且在行动层面。①

我们断不可仅停留在对现时情境的议论上，也绝不可把与人民自己的问题、疑虑、希望和恐惧等关系甚小或毫无关系的计划提供给他们——这样的计划事实上常常会增强对被压迫者意识的恐惧。我们的职责不是向人民讲述我们自己的世界观，也不是把我们的世界观强加于人民，而是就我们双方的世界观与人民对话。我们必须认识到，他们通过各种行为展露出来的世界观，实则反映了他们在这个世界上的**处境**。没有批判性地认知这一处境的教育与政治行动，不是在冒"存储"的风险，就是在冒在沙漠中布道②的风险。

经常出现这样的情况，教育人员和政治家在那里侃侃而谈，但没有人能听懂他们在说什么，因为他们的语言与听众的具体处境不相符。因此，他们的谈话只是不为人接受的和使人疏离的虚夸言辞。教育人员或政治家的语言（似乎越来越清晰的一点是，政治家必须也要成为广义的教育人员），一如人民的语言，没有思想就无法存在。语言和思想若离开了它们所指涉的结构，都无法存在。为了进行有效的沟通，教育人员和政治家必须要懂得人民的思想和语言得以辩证地构建的结构条件。

要找到教育的课程内容，我们必须回到作为人的中介的现实之中，回到教育人员和人民对这一现实的感知之中。我所说的对人民的"主题域"（thematic universe）③，即"生成主题"（generative themes）集的探究，意味着教育对话作为自由实践的真正开始。探究的方法同样必须具有对话性质，使得人民有机会去发现生成主题，激发人民对这些主题的觉察。与对话教育的解放目的相一致，探究的对象不是人（似乎他们是解剖学意义上的碎片），而是人们用于指称现实的思想语言（language-thought），是人们对现实的感知程度，是人们的世界观，而他们的生成主题就隐含其中。

在更精确地描述"生成主题"之前——这也同样可以说明"最小主题域"（minimum thematic universe）意味着什么——我觉得有必要谈几点初步的想法。生成主题这个

---

① 要真正的人本主义者使用储蓄式教育，就如同让保守主义者使用提问式教育一样，是自相矛盾的。（保守主义者始终如一——他们从不使用提问式教育。）

② 原文为 preach in the desert，意即曲高和寡，没有或缺少受众。——汉译者注

③ 使用时，与"有意义主题"（meaningful thematics）这一表达含义相同。

概念既不是心血来潮的发明,也不是有待证明的工作假设。如果它是有待证明的假设,那么首先要探讨的就不会是要确定这个主题的性质,而是要确定主题本身是否存在。在此情况下,在试图理解这些主题的丰富性、重要性、多元性、转换形式及其历史构成之前,我们首先就需要证明,主题是不是客观事实。只有这样,我们才可以深入去理解它。虽然批判性怀疑的态度是合理的,但似乎的确也可以证明生成主题的现实性——不仅通过人自己的存在经验,而且通过对人与世界的关系的批判性反思,以及对隐含在这对关系之中的人与人之间关系的批判性反思。

这一点值得予以更多的关注。我们也许还清楚地记得——虽然似乎有点老调重弹——在所有不完善的存在中,人是唯一既能将自身的行动,也能将自身作为反思对象的存在;这种能力使人有别于动物,因为动物不能将自己从其活动中分离开来,因而也不能对其活动进行反思。这一区分虽然很肤浅,但却说明了限定动物在生命空间里的活动边界。因为动物的活动是其自身的延展,其活动的结果也不能与自身分离:动物既不能确定目标,也不能赋予改造自然以超越自然本身的意义。更何况,"决定"进行这种活动的并不在于它们,而在于它们所属的物种。因此,从根本上来说,动物是"自在存在"(beings in themselves)。

动物没有历史感,不能为自己作决定,不能使自己和其活动对象化,也不能为自己确立目标。动物"淹没"在一个它们无法赋予意义的世界里,没有"明天"和"今天",因为它们存在于一个无法抗拒的现在。动物的这种非历史性生活并非发生于严格意义上的"世界";对动物来说,世界并不构成一个"非我"(not-I),可以把动物作为"我"与"非我"分开来。具有历史性的人类世界,仅是"自在存在"的一个依托(prop)。动物不会受到它们所面对的形态(configuration)的挑战,它们只是受到这种形态的刺激。动物的生活没有冒险的性质,因为它们意识不到冒险。风险并不是经由反思而被感知到的挑战,而仅仅是通过提示给它们的迹象"被注意到"而已。因此,动物不需要作出决策反应。

因此,动物无法作出承诺。动物的非历史性条件不允许它们"接受"生命的"挑战"。因为它们无法"接受生命的挑战",所以就无法建构生活,而且,如果不建构生活,它们就无法改造其形态。它们也不知道自己会因生命的终结而走向毁灭,因为它们不能把作为"依托"的世界扩展为一个包括文化和历史的有意义的象征世界。因此,动物不能为了使自己动物化而使自己的形态"动物化"（animalize）——它们也不能使自己"去动物化"（de-animalize）。即使在森林中，它们仍然是"自在存在"，与动物园里的动物一样表现出动物的属性。

相对而言，人能意识到自己的活动和所处的世界，能根据自己提出的目标采取行动，能探究自己、探究与世界及与他人的关系，能对世界进行改造并以自己的创造性存在影响世界——与动物不同，人不仅生存（live），而且存在（exist）；①而且人的存在具有历史性。动物生活在一个非时间性的、扁平的、固定不变的"依托"之中；而人则生活在一个自身在不断再造和改造的世界之中。对动物来说，"这里"（here）只是一个它们相互接触的栖息场所；而对人而言，"这里"不仅意味着是一个物理空间，而且也是一个历史空间。

严格地说，"这里"、"现在"、"那里"、"明天"和"昨天"对动物来说并不存在。动物的生命缺乏自我意识，因而完全是受限的。动物不能超越"这里"、"现在"或"那里"所设定的限度。

然而，因为人能觉察到自己，并因而能觉察世界——因为人是**有意识的存在**（conscious beings），所以人存在于确定限制（determination of limits）以及自身自由之间的辩证关系之中。当人将自己从其对象化的世界中分离开来，当他们将自己从自身的活动中分离开来，当他们探究自己、探究与世界及其他人的关系时，人克服了限制他们的情境："限制情境"（limit-situations）。② 一旦这些情境被个人视为枷锁，被视为解放的障碍，这些情境就会从背景中浮现出来，展现出作为特定现实的具体历史内容的真正本质，人们就会采取行动来应对这种挑战，维埃拉·平托（Vieira Pinto）把这种行为称作"限制行为"（limit-acts）：这些行为旨在否定和克服"既定情境"（the"given"），而不是被动接受"既定情境"。

---

① 在英语中，live 和 exist 这两个用语具有与它们的词源相反的含义。用在这里，live 是一个更为基本的用语，意思仅仅是生存（survival），exist 意指更深处在"形成"（becoming）的过程之中。

② 阿尔瓦罗·维埃拉·平托教授清晰地分析了"限制情境"问题。他使用的概念不带有雅斯贝斯（K. Jaspers）原先所具有的悲观意味。对维埃拉·平托而言，"限制情境"不是"可能性终结的不可逾越的边界，而是所有可能性开始的真正的边界"；"限制情境"不是"区分存在与虚无的边界，而是区分存在与更多存在的边界"。Alvaro Vieira Pinto, *Consciência e Realidade Nacional* (Rio de Janeiro, 1960), Vol. II, p. 284.

因此,产生绝望氛围的,并不是身处限制情境和限制情境本身,而是人在特定的历史时刻如何感知限制情境:是枷锁,还是不可逾越的障碍。一旦行动中包含批判性感知,就会形成一种充满希望和信心的氛围,使得人们尝试去克服限制情境。要实现这一目标,只有通过对具体的历史现实采取行动,因为限制情境历史性地存在于这一现实之中。一旦现实被改造,一旦这些情境被超越,新的情境就会随之出现,进而又唤起人们新的限制行为。

动物由于其非历史性特征,其依托世界不包含限制情境。同样,动物不具备实施限制行为的能力,而这种行为需要对世界采取决定性的态度:与世界分离,并把世界对象化,以便改造世界。动物在机体上与其所依托的世界紧紧维系在一起,所以动物不区分自己与这个世界。因此,动物不受历史性的限制情境的制约,而受制于整个依托世界。动物的恰当角色不是与其依托(在此情况下,这个依托应是一个世界)相联系,而是去适应它。这样,当动物"生产"鸟巢、蜂窝、洞穴时,它们并不是在创造出自"限制行为"(即改造性反应)的产品。动物的生产活动从属于对身体需要的满足,仅仅是刺激,而不是挑战。"动物的产品直接属于它的身体,而人则可以自由地面对自己的产品。"①

只有出自存在体的活动,但又不属于其身体的产品(尽管这些产品可能带有身体的印记),才能赋予所处的环境一种意义维度,从而使这一环境变成一个世界。具备这种生产能力的存在(因而一定能意识到自身,所以是"自为存在"),如果不能在自己所关联的世界里处在存在的过程之中(in the process of being),那他就不再存在(be);正如同该存在体如果不存在,世界就不复存在一样。

动物与人类的区别在于,只有人类是实践的存在。动物因为其活动不能构成限制行为,所以不能创造与自身相分离的产品,而人类通过对世界的行动可以创造出文化与历史领域。只有人是实践的——作为真正改造现实的反思与行动,这种实践是知识与创造的源泉。动物的活动因为不是实践,所以不具有创造性。人的改造性活动具有创造性。

---

① Karl Marx, *Economic and Philosophical Manuscripts of 1844*, Dirk Struik, ed. (New, York, 1964), p. 113.

正是作为改造性和创造性的存在,人类才在与现实的永恒关系中不仅生产出物质产品——有形物体——而且还创造出社会制度、思想和观念。[①] 通过不断实践,人在创造历史的同时又成为历史社会性的存在。因为——相对于动物而言——人能把时间三维化为(tri-dimensionalize)过去、现在和将来,所以,由人类自身创造所决定的人类历史,是作为一个持续的改造过程而向前发展的,而时代单元(epochal units)把这一持续的改造过程具体再现出来。这些时代单元并不是封闭的时间段,不是将人限定其中的静态区隔。果真如此,历史的一个基本条件——连续性(continuity)——就不复存在了。相反,时代单元在动态的历史连续性中是相互关联的。[②]

错综复杂的各种思想、观念、希望、疑虑、价值观、挑战等与其对立面辩证地相互作用,使得其内容日臻丰富,这构成每一时代的特征。这些思想、价值观、观念及希望等的具体表现,再加上阻止人的充分人性化的形形色色障碍,构成这个时代的主题。这些主题隐含着相对的,甚至是相反的主题;这些主题也显示了有待实施和完成的任务。因此,历史主题从来都不是孤立的、独立的、不相关的或静止的;它们总是辩证地与其对立面联系在一起。这些主题也只能在人与世界的关系中才能找到。主题间复杂的相互作用构成这个时代的"主题域"(themantic universe)。

面对处在辩证矛盾之中的这一"主题域",人采取了同样是矛盾的立场:有人力图维持现有结构,而另一些人则努力去改变这种结构。随着现实表达的各种主题之间相互对抗的加深,主题和现实本身有被神化的倾向,形成一种非理性的和宗派主义的氛围。这种氛围可能会消解这些主题的更深层意义,并使这些主题失去独具发展变化的一面。在这样的情况下,制造神话的非理性本身就成了一个基本的主题。其对立主题,即批判性的和动态的世界观,则竭力去揭示现实,揭露神化,并充分实现人性使命:为人的解放而不断改造世界。

归根结底,**主题**(themes)[③]既包含着限制情境,也被包含在限制情境之中;主题所隐含的**任务**(tasks)需要采取**限制行为**。当主题为限制情境所掩盖,因而不能被清晰

---

① 关于这一点,见 Karel Kosik, *Dialética de lo Concreto* (Mexico, 1967).

② 关于历史时代问题,见 Hans Freyer, *Teoría de la época atual* (Mexico).

③ 我把这些主题说成是"生成的"(generative),因为(不管它们被怎样理解,也不管它们会唤起什么行动)它们包含着生成更多主题的可能性,进而需要新的任务去完成。

地感知时,相应的任务——人以历史行动的形式作出反应——就不能真正地和批判性地得到完成。在此情况下,人无法超越限制情境去发现,在这些情境之外——并且与这些情境相矛盾——存在着一种**未经检验的可行性**(untested feasibility)。

总之,限制情境意味着直接或间接地受益于这些情境的人的存在,也意味着被这些情境所否定和控制的人的存在。一旦后者开始把这些情境感知为存在与更人性化之间,而不是存在与虚无(nothingness)之间的边界,他们就开始把越来越具有批判性的行动引向实现这种感知背后的未经检验的可行性。另一方面,那些得益于现存限制情境的人,视未经检验的可行性为具有威胁性的限制情境,容不得对这样的情境进行具体化,所以会采取行动来维持现状。因此,针对某个历史环境的解放行动,不仅应切合生成主题,而且应符合对这些主题的认知方式。这一要求进而又意味着另一项要求:对有意义主题(meaningful thematics)进行探究(investigation)。

我们可以把生成主题放在同心圆(concentric circles)中,由一般向特殊扩展。最广大的时代单元包括了各种各样的单元和次单元(大洲性的、区域性的、国家性的等),它包含着具有普遍性特征的主题。我认为我们这个时代的基本主题是**统治**(domination)**主题**——这也隐含了其对立面,即**解放**(liberation)**主题**,也即是要实现的目标。正是这一令人困扰的主题才赋予了我们这个时代上文所提及的人类学特征。人性化以消除非人性压迫为条件,为了实现人性化,消除将人降格为物的限制情境是绝对必要的。

在较小的圆圈内,我们发现了一些社会(在同一大洲内的或在不同大洲内的)特有的主题和限制情境。这些社会通过这些主题和限制情境表现出历史相似性。例如,不发达(underdevelopment)问题代表了第三世界社会所具有的一种限制情境,离开了依附关系就无法理解不发达问题。这种限制情境隐含的任务,就是要破除这些"客体"社会("object"-societies)与宗主社会(metropolitan societies)之间的矛盾关系。这一任务构成第三世界未经检验的可行性。

在较大时代单元范围之内的任何特定社会,除了包含普遍的、大洲的或具有历史相似性的主题外,还包含了自己独特的主题,也有自己的限制情境。在较小的圆圈内,即使在同一个社会内也存在着多样化的主题,可被划分成不同的领域和次领域,但所有的领域与社会整体相关联。这些又构成时代次单元。例如,在同一个国家单元之

内，我们可以发现"不同时代的同时代性"（coexistence of the non-contemporaneous）
矛盾。

在这些次单元中，国家性主题的真正意义也许会、也许不会被觉察到。这些主题
也许仅是被感觉到（felt）——有时甚至连这一点都说不上。但要说次单元中不存在主
题，这是绝对不可能的。特定区域中的个体感知不到生成主题，或以扭曲的方式去感
知它，这一事实所揭示的也许只是使人淹没其中的压迫限制情境。

总的来说，被控制的意识如果没有从整体上去感知限制情境，那它所把握的
只是其附带现象，并且会把抑制性力量转移到限制情境上，这正是限制情境的特
性。① 这一事实对于生成主题的探究极为重要。当人对现实缺乏一种批判性理解，
片面去理解现实，不把局部看作是构成整体的相互作用的要素，就不能真正认识现
实。要真正认识现实，他们不得不把出发点倒过来：他们需要先对背景有一个整体
的观照，随后将其构成要素分割并独立出来，并且通过这种分析，获得对整体更清晰
的认知。

对主题探究（thematic investigation）方法和对提问式教育同样恰当的是，努力呈现
个体的背景现实（contextual reality）的重要维度，通过对背景现实的分析，使个体得以
意识到不同构成要素之间的相互作用。同时，这些重要的维度（相应由互相作用的各
部分组成），应被视为构成整体现实的维度。这样，对重要的存在维度进行批判性分
析，才有可能对限制情境产生一种新的批判态度。对现实的感知和理解，也因而得到
了校正并获得了新的深度。当人们用一种觉悟的方法对包含在最小主题域（相互作用
中的生成主题）中的生成主题进行探究时，这种探究就会把人引向或开始引向对世界
的一种批判性思维。

然而，如果人感知到现实是费解的、高深莫测的并且是封闭性的，那就有必要通过
抽象化（abstraction）的方法来进行探究。这一方法并不把具体化约为抽象（这意味着

---

① 中产阶级个体经常会流露出这种行为，尽管流露的方式有别于农民。对自由的惧怕使他们建立防
卫性机制，并通过合理化操作，去隐匿重要之事，强调偶发，否认具体现实。如果面对的问题一经分
析就会导致对限制情境产生令人不安的认知，他们往往就会停留在讨论的边缘，反对任何能触及问
题实质的努力。当有人提出基本的主张，说明他们视为特别重要的，只是偶发或次要的事情时，他
们甚至会深感困扰。

对其辩证性质的否定),而是仍把抽象与具体当作是在反思行为中辩证地相互关联的两个对立因素。这种辩证的思维活动,可以在对具体存在的"编码"情境("coded" situation)①的分析中得到很好的例证。对"编码"情境的"解码"("decoding"),需要从抽象到具体;这就需要从局部到整体,然后再从整体到局部;这进而又需要主体把自己放在客体(具体存在的编码情境)之中认识自己,也需要主体把客体当作是一种自己与别的主体一起存在其中的情境。如果解码到位,这种出现在对编码情境分析过程中从抽象到具体、再从具体到抽象的往复运动,将**通过**对具体的批判性感知,来实现对抽象的超越。这时感知的现实已不再是费解的、高深莫测的了。

当个体面对经编码的存在情境(通过抽象化引向具体存在现实的一张素描或照片)时,他往往会把这个经编码的情境"分割开来"。在解码过程中,这种分割对应于我们所说的"情境描述"(description of the situation)阶段,并有助于发现被分割的整体的各个组成部分之间的相互作用。这个整体(编码情境)先前只是被零碎地把握,而现在随着思想从各个不同的维度回到整体身上,它便开始获得意义。然而,由于编码是对存在情境的再现,所以解码者往往会采取步骤,从对存在情境的再现走向他所处的并与之共存的具体情境。因此,我们可以从概念上解释,一旦客观现实不再看上去像一条死胡同,并且呈现出真实的面貌,即人必须迎接的挑战,个体为什么就开始对客观现实采取不同的行为。

在解码的各个阶段,人们剖析自己的世界观。通过思考世界、面对世界的方式——宿命地、动态地或静态地——他们也许就可以找到生成主题。相反,一个群体若不能具体地表达生成主题(这一事实似乎意味着主题并不存在),就会使人联想到一个非常引人注目的主题:**沉默主题**(the theme of silence)。沉默主题意味着面对限制情境的巨大力量时表现出一种沉默结构(structure of mutism)。

我必须再次强调,生成主题不可能在脱离现实的人身上找到,也不可能在脱离人的现实中找到,更不可能在"无人的地方"找到。对生成主题的理解只能置于人与世界的关系之中。探究生成主题,就是探究人对现实的所思所为,也就是人的实践。恰恰

---

① 对某个存在情境的编码就是再现这一情境,显示出该情境的某些构成要素之间的相互作用。解码是对编码情境进行批判性分析。

是因为如此,所提出的方法需要探究者和人民(他们通常被视为探究的对象)成为**合作探究者**(co-investigators)。人对主题的探究所采取的态度越是积极,他们对现实的批判性意识就越深刻,并且通过阐明这些主题,人拥有这个现实。

有人也许会认为,把民众也作为寻找自身有意义主题的探究者是不明智的。他们认为民众的干扰性影响(注:指对自身的教育最感兴趣或应该感兴趣的人的"干扰")会使探究结果"掺杂",因而会牺牲探究的客观性。这种观点错误地假设,从原先的客观纯洁性来看,主题存在于人之外——似乎主题是**物**(things)。实际上,主题存在于人身上,存在于人与世界的关系之中,与具体事实相关联。同样的客观事实可能会产生不同时代次单元中的多个生成主题群。因此,在既定客观事实、人对这一事实的感知以及生成主题这三者之间存在着某种关系。

如果人们改变了对主题所指涉的客观事实的感知,他们就表达了一个有意义主题,并且他们在特定时刻对主题的表达就会有别于原先的表达。从探究者的角度看,重要的是发现人们将"既定事实"具体化的起点所在,并证实在探究过程中他们对现实的感知方法是否出现了转变(当然,客观现实并未改变。即使对这一现实的感知在探究过程中发生了变化,这一事实也不会影响探究的有效性)。

我们必须意识到,有意义主题中蕴含着的愿望、动机和目标都是**属于人的**愿望、动机和目标。它们不会作为静止的实际存在存在于人**之外的某个地方;它们在发生之中**。它们跟人自身一样具有历史特性。因此,要理解它们,离不开人。理解这些主题,领悟这些主题,就是要理解体现这些主题的人以及这些主题所指涉的现实。但——恰恰是因为不可能离开人去理解这些主题——相关的人同样也有必要理解这些主题。于此,主题探究就变成了对现实的觉察和自我觉察的共同努力,主题探究成为教育过程的起点,或者说成为具有解放性质的文化行动的出发点。

探究的真正危险,并不在于被设定的探究对象一旦发现自己是合作探究者就会使分析结果"掺杂"。相反,危险恰恰在于可能把探究的重点从有意义主题转向人本身,把人当作探究的对象。既然探究是作为制定教育课程的基础,教师学生与学生教师在这一教育课程中对同一客体进行共同认知,因此,探究本身必须同样建立在行动的交互性基础之上。

出现在人类领域的主题探究不能被沦为机械行为。作为探索、求知因而也是创造的过程,主题探究要求探究者从有意义主题间的联系中去发现各种问题之间是如何相互贯通的。当探究最具有批判性时,探究具有的教育意义也最大,而当探究摆脱了关于现实的种种片面的或"受局限的"观点的狭隘羁绊,并坚持对**完整的**现实进行把握时,探究才最具有批判性。因此,寻找有意义主题的探究过程,应包括对主题之间的联系的关注,对把这些主题作为问题提出的关注,以及对其历史文化背景的关注。

正如教育人员不可以把自己精心构建的课程交给民众一样,探究者也不可以从**他**预先设定的点出发,为研究主题域详细制定"日程"。教育以及旨在支持教育的探究,必须是词源学意义上的"共鸣"(sympathetic)活动。也就是说,这些活动必须包括交流以及在不断"形成"中的现实复杂性中认知现实的共同经验。

以科学客观性的名义把有机的东西转变成无机的东西,把形成中的东西变成既定的东西,把生命变成死亡,这样的探究者是害怕变化的人。他从变化中(虽然这种变化没被他否认,但他也不希望出现这种变化)看到的不是生命的迹象,而是死亡和衰败的信号。他的确想研究变化——但只是为了阻止变化,而不是为了催生和加深这种变化。然而,视变化为死亡迹象,并且使民众成为被动的探究对象,以使其处于僵化的模式,这种做法等于背叛了自己的人性,扼杀了生命。

我重申:主题探究包含对人的思维的研究——人的思维只能发生在共同探索现实的人身上,发生在他们中间。我不能**替别人**(for others)思考,**离开了别人**(without others),我也无法思考,别人也无法**替我**(for me)思考。人的思维是迷信的或幼稚的,但只有在行动中对自己的臆断进行再思考,人才能改变。产生自己的思想,并据此行动——而不是消费别人的思想——必须是构成探究过程的全部内容。

人作为"处于情境之中的"存在,发现自己扎根于时空环境之中,时空环境在他们身上留下了烙印,他们也在时空环境中留下了印记。他们往往对自己的"情境性"(situationality)进行反思,以至于受"情境性"的挑战而对之作出行为反应。人之所以**存在**,是因为人**存在**于情境之中。他们越是对自身的存在进行批判性反思,且对其存在开展批判性的行动,他们的**存在就将越丰富**。

对情境性的反思正是对生存条件的反思,即批判性思维。借助批判性思维,人发现彼此都"处在情境中"。只有当这一情境对他们来说不再是一个费解的、封闭性的现实,不再是一条令人困惑的死胡同,而且他们把此情境当作是客观问题情境(objective-problematic situation)来认知时,他们才可能投入进去。人从**淹没状态**(submersion)中**脱颖而出**(emerge),并伴随现实的面纱被揭开而获得**干预**现实的能力。对现实的**干预**——历史意识本身——也就意味着离脱颖而出又近了一步,而且是对所处情境觉悟的结果。觉悟是对一切脱颖而出所独具的觉察态度的深化。

加深历史意识的主题探究因而真正具有教育性,而所有真正的教育都探究思维。教育人员与民众对人的思维探究得越多,并因而共同得到教育,他们就会越多地继续进行探究。在提问式教育中,教育与主题探究只是同一过程的不同环节。

相对于储蓄式教育的反对话和非交流式"存储",提问式教育的课程内容——尤为强调通过对话——是按照学生的世界观来构建并组织起来的。学生的生成主题存在于他们自己的世界观之中。因此,课程内容自身不断得到扩大和更新。在一个致力于通过探究来发现主题域的跨学科工作小组中,注重对话关系的教师的任务,是把原本来自于学生的主题域"再现"给学生——不是以"讲授"的方式,而是以"提问"的方式来"再现"这一主题域。

让我们举例来说,一个小组负责协调一项针对文盲比率很高的农民居住区的成人教育计划。该计划包括扫盲运动和后扫盲阶段。在第一个阶段,提问式教育要发掘"生成词"(generative word)并对之进行探究;在后扫盲教育阶段,它要找出"生成主题"并对之进行探究。

不过,在这里,让我们仅仅考虑对生成主题或有意义主题的探究。[①] 探究者一旦决定了工作区域,并通过第二手资料初步熟悉了该区域的情况之后,他们便可以启动初始阶段的探究。探究开始时(正如任何人类活动开始时一样)总会出现这样或那样的困难和风险。尽管在与该区域的个体的初步接触中,这些困难和风险并不总是显而易见的,但这在某种意义上都是正常的。在最初的接触中,探究者需要设法让相当数量的人参加一次非正式会议,他们可以在会上谈论他们来到该区域的目标。在这次会议上,他们要对探究的原因、实施方法及用途等作出解释;他们还要进一步解释,如果没有互相理解和信任关系,探究就无法开展。如果参与者能就探究及此后的过程都达

---

① 关于"生成词"的探究和使用,见我的著作《作为自由实践的教育》。

成一致,①探究者就应从参与者中征召志愿者充当助手。这些志愿者将收集有关该区域生活的一系列必要数据。不过,更为重要的是,这些志愿者积极参与探究。

与此同时,探究者开始亲自走访该区域。他们不是强迫自己,而是作为充满同情心的观察者,对他们的所见所闻抱一种**理解**(understanding)的态度。尽管探究者带着足以影响其感知的价值观来到该区域是正常的,但这并不意味着他们可以把主题探究转变成把这些价值观强加于人的工具。这些价值观中,唯一最终可以与主题正在被探究的人共享的一个方面(假定探究者具备这种素养),就是对世界的批判性感知。这种批判性感知意味着接近现实,以揭示现实的正确方法。批判性感知无法强加于人。因而,从一开始,主题探究就体现为一种教育追求,体现为一种文化活动。

在走访过程中,探究者针对所研究的区域设定了批判性"目标",似乎对他们而言,这是一个庞大的、独特的、有待破解的活"码"。他们视该区域为整体,通过一次次的造访来分析让他们印象深刻的各个侧面,力图将这个整体"分割开来"。通过这一过程,他们拓展了对整体的各个组成部分之间相互作用的理解,而这又会有助于他们日后把握整体本身。

在这个解码阶段,探究者对该区域的某些生活片段(moments)进行观察——有时是直接地,有时是借助与当地居民的非正式谈话。他们把各种东西记录在案,包括看上去并不重要的内容:人们的交谈方式、生活方式,在教堂里或劳动时的行为等。他们把人们的习惯用语记录下来:使用的表达式、词汇、句法(不是不正确的发音,而是构建思想的方式)。②

探究者有必要在不同的情况下对该区域进行观察:田间地头的劳作、当地某个协会

---

① 根据巴西社会学家玛丽亚·埃迪·费雷拉(Maria Edy Ferreira)(在一本尚未出版的著作中)的观点,只有当主题探究把真正属于民众的东西还给民众之时,只有当主题探究意味着不是努力去了解民众,而是努力与他们一起去认识挑战他们的现实之时,才表明主题探究是必要的。

② 巴西小说家吉马良斯·罗莎(Guimaraēs Rosa)是这方面的杰出典范。他真正抓住的不是人们的发音或语法弊病,而是其句法:这正是他们的思想结构。实际上(并且这并不是要贬低他作为作家的突出价值),他是对巴西穷乡僻壤的居民的"有意义主题"进行探究的杰出代表。保罗·德·塔尔索(Paulo de Tarso)教授目前正在撰写一篇文章,分析格兰迪·塞尔托(Grande Sertão)的著作——*Veredas*(英译名:*The Devil to Pay in the Backlands* (New York, 1963))——中这一鲜为人知的一面。

的会议(注意与会者的行为、所使用的语言以及官员与成员间的关系等)、妇女和年轻人所扮演的角色、休闲时间、体育运动、在家里与家人的交谈(注意夫妻之间、父母与孩子之间关系的例子)。在对该区域进行探究的初始阶段,任何活动都不应逃脱探究者的注意。

每完成一次观察走访,探究者应拟写一份简短的报告,供整个探究小组讨论,以便对专业探究者和当地助手获得的初步发现进行评估。为便于当地助手的参加,评估会应放在该区域内举行。

评估会意味着对这一独特的活码的解码进入第二阶段。由于每个人在解码随笔中讲述了自己是如何认知某件事或某个情境的,因此,通过把各自专注的同一现实再现给所有其他人,他所作的说明无疑对所有人都构成挑战。这时,他们通过别人的"考虑""重新考虑"他们他们自己原先的"想法"。因此,各个解码者对现实所作的分析,通过对话使它们回到被解构的整体上,使之再次变成一个需要探究者对之作出新分析的整体,而紧接在这之后的是新一轮的重要的评估会。当地居民代表作为探究小组成员参与所有的活动。

探究小组越是更多地对整体进行分割和重组,他们就越接近该区域居民的主要矛盾和次要矛盾的核心之所在。找到了这些矛盾的核心所在,探究者甚至在这一阶段就可以组织教育行动的课程内容。的确,如果课程内容反映了这些矛盾,它无疑也就包含了这一区域的有意义主题。而且我们可以有把握地断言,与基于"上头决定"开展的行动相比,立足于这些观察而采取的行动更有可能获得成功。不过,探究者不应被这种可能性迷住了眼。最基本的一点是,要从对这些矛盾(包括像更大的时代单元这样的社会主要矛盾)的核心的初步感知出发,去研究当地居民对这些矛盾的觉察程度。

从本质上来说,这些矛盾构成限制情境,涉及主题,并且预示着任务。如果个体陷入这些情境而不能自拔,那么他们与这些情境有关的主题便是**宿命论**(fatalism),而且该主题所隐含的任务就是**缺乏任务**(the lack of a task)。因此,尽管限制情境是唤起个体需求的客观现实,但我们必须与这些个体一起,来探究他们对这些情境的觉察程度。

作为具体现实的限制情境,可以在不同区域(甚至是同一区域内的次区域)的人身上唤起完全不同的主题和任务。因此,探究者的主要考虑是,把注意力集中到戈德曼(Goldman)所说的"实际意识"(real consciousness)和"潜在意识"(potential consciousness)的认知上。

实际意识是由各种各样的障碍和偏差产生的结果,经验现实的不同要素与这些障碍和偏差相互对立,并通过潜在意识加以实际化。[1]

实际意识意味着不可能感知超越限制情境的"未经检验的可行性"。尽管"未经检验的可行性"无法在"实际(或现时)意识"的层面上获得,但可以通过"检验行为"(testing action)来实现,因为这种"检验行为"可以揭示至今仍未被感知到的可行性。未经检验的可行性与实际意识相关联,正如检验行为与潜在意识相关一样。戈德曼关于"潜在意识"的概念与尼古拉(Nicolaï)所称的"未被感知的可行解决方案"(unperceived practicable solutions)[2](我们所说的"未经检验的可行性")相似,与"已被感知的可行解决方案"(perceived practicable solutions)及"现已付诸实践的解决方案"(presently practiced solutions)相对,而后两者与戈德曼的"实际意识"相对应。因此,探究者在探究的第一阶段可能大致理解矛盾的复杂性,这一事实并不足以使他们可以开始构建教育行动的课程内容,因为对现实的这种感知仍只是他们自己的,而不是民众的。

第二阶段的探究始于对错综复杂的矛盾的把握。探究者自始至终以小组的形式开展工作,他们选取其中的某些矛盾,制作用于主题探究的编码(codifications)。既然编码(草图或照片)[3]是编码者在进行批判性分析时采用的中介物体,那么,准备这些编码必须要以特定的原则作为指引,但这不应是制作视觉辅助教具那样的常规原则。

第一个必要条件是,这些编码必须能体现主题探究对象所熟悉的情境,以便他们可以轻易地辨认这些情境(也因此可以认清他们自己与这些情境的关系)。无论是在探究过程中,还是在随后的阶段,当有意义主题被作为课程内容呈现时,我们断不可把参与者不熟悉的现实图景呈现给他们。后一个步骤(尽管该步骤是辩证的,因为个体对不熟悉的现实进行分析时,往往会将这一现实与自身的现实进行比较,从而发现各自的局限),不能先于由参与者的淹没状态所决定了的更为基本的步骤,也就是说,这是这样的一个过程:分析自身现实的个体,觉察到他们先前被扭曲了的感知,因而对

---

[1] Lucien Goldman. *The Human Sciences and Philosophy* (London, 1969), p. 118.

[2] 见 André Nicolaï, *Comportment Économique et Structures Sociales* (Paris, 1960).

[3] 编码也可以是口头的。在这种情况下,编码由几句能呈现一个存在问题的话组成,接着是解码。智利的农业发展研究所(INDAP—Instituto de Desarrollo Agroprecuario)的团队在主题探究中成功地使用了这种方法。

这一现实产生了一种新的感知。

准备编码的另一个同样是基本的必要条件是，主题核心既不能过于浅显，也不能过于深奥。过于浅显，会流于纯粹的宣传，没有真正的解码，只是陈述显然是事先设定了的内容。过于深奥，会让人迷惑或像是猜谜游戏。既然编码代表存在情境，编码就应该寓简单于复杂之中，并应提供各种解码的可能性，以避免宣传式的强行灌输倾向。编码不是口号，而是可认知的对象，是解码者的批判性反思应面对的挑战。

为了在解码过程中提供种种分析的可能性，应把编码组织成"主题扇"（thematic fan）。随着解码者对编码的反思，应将编码向其他主题扩展。这种扩展（如果主题内容太浅显或太深奥，这种扩展就不可能实现）对于认知主题与其对立面之间的辩证关系是不可或缺的。因此，反映存在情境的编码，必须客观地构成一个整体。其组成要素必须在总体的构成中相互作用。

在解码过程中，参与者把他们的主题外在化，由此使他们对世界的"实际意识"显现出来。这样做，他们就开始明白，在真正体验正在分析的情境时，他们自己当初是如何行动的，因此获得一种"对先前的感知的感知"（perception of their previous perception）。通过实现这种觉察，他们逐渐对现实产生了不同的感知；通过拓展感知视野，他们就可以更轻易地在"背景觉察"中发现现实的两个维度之间存在的辩证关系。

通过激发"对先前的感知的感知"以及"关于先前的知识的知识"（knowledge of the previous knowledge），解码促进新感知的产生和新知识的发展。这种新感知和新知识随着教育计划的启动而得以系统地延续。伴随潜在意识取代实际意识，未被检验的可行性转变成检验行为。

准备编码的另一个必要条件是，编码应尽可能地体现"包容"其他人的矛盾，因为这些矛盾构成了整个研究区域的矛盾体系。[①] 这些"包容性的"编码准备就绪后，还应对"包含"其中的其他矛盾加以编码。对后者的解码，将会使对前者的解码得以辩证性地阐明。

在这一点上，加希里埃德·博德（Gabriel Bode）对我们的方法作出了很有价值的贡献。博德是智利最重要的政府机构之一——农业发展研究所（INDAP）[②]——的一

---

① 若泽·路易斯·菲奥里（José Luis Fiori）在一份未出版的手稿中提出了这一建议。

② 直到最近，农业发展研究所的负责人是经济学家、真正的人本主义者雅克·钦丘（Jacques Chonchol）。

名年轻公务员。在把这一方法用于后扫盲阶段时,博德注意到,只有当编码与农民的切身需要直接关联时,农民才会对讨论感兴趣。编码过程中出现的任何偏差,以及教育人员试图把解码讨论引向其他的领域,都会带来沉默和冷漠。另一方面,他也注意到,即便编码聚焦于农民的切身需要,农民仍不能系统地集中进行讨论,常常偏离要点,根本无法形成综合的看法。此外,他们几乎从没感知到他们的切身需要与产生这些需要的直接和间接的原因之间有何关系。也许可以说,他们没有感知到隐藏在限制情境背后的未被检验的可行性,而正是这些限制情境造就了他们的需要。

接着,博德决定试验对不同的情境进行同步展现;他的贡献的价值正在于这一试验技巧。在起始阶段,他先就一个存在情境进行很简单的编码。他称此初步编码是"基础性"编码,代表了基本核心,并扩展成为向"辅助性"编码延伸的主题扇。在基础性编码被解码之后,教育人员继续把展现出来的图景作为参与者的参照,并依此不断展现辅助性编码。辅助性编码与基础性编码直接相关,通过辅助性编码,参与者保持了强烈的兴趣并由此获得了综合的看法。

加希里埃德·博德的巨大贡献在于,借助基础性编码与辅助性编码之间的辩证关系,他设法把一种**整体**(totality)感传递给参与者。一度**淹没**在现实中的个体,他们只是**感觉到**自己的需要,但现在他们从现实中**脱颖而出**并感知到这种需要产生的**原因**。这样,他们就能更快地超越实际意识的层面,达到潜在意识的层面。

一旦编码准备完毕,并且跨学科小组对所有可能的主题领域完成了研究,探究者重又回到该区域,开始进入探究的第三阶段,在"主题探究圈"(investigation circles)①内开始解码对话。这些讨论对前一阶段准备的材料进行解码,跨学科小组把这些讨论录音录下来供随后分析。② 除了探究者充当解码协调员外,另还有两位专家——一位心理学家和一位社会学家——参加会议。他们的任务是把解码者的重要的(以及看似

---

① 每一个"探究圈"最多不应超过 20 人。应尽可能多地建立探究圈,参与者人数占所在研究区域或次区域人数的 10%。
② 这些随后的分析会议应包括在探究中提供帮助的本地志愿者,也应包括"主题探究圈"的若干参与人员。他们的贡献既是赋予他们的权利,也是对专家进行分析的必不可少的帮助。作为专家的合作探究者,他们校正并认可专家们对探究发现的解读。从方法论的观点来看,他们的参与给探究(这种探究一开始便建立在"共鸣"关系基础之上)提供了额外的保证:民众代表从头至尾的批判性参与,主题分析的批判性存在,在组织作为解放性文化活动的教育行动的课程内容时得以延续。

并不重要的）反应记录下来。

在解码过程中，协调员不但应该听大家说，而且要提出质疑，把经编码的存在情境和他们自己的回答都作为问题提出来。由于这一方法具有宣泄作用，参与主题探究圈的人把一系列关于自己、关于世界和关于其他人的意见和看法表达出来。换作不同的场合，他们也许就不会把这些意见和看法表达出来。

在圣地亚哥进行的一个主题探究中[①]，一群廉租公寓的住户在讨论一个场景：一个醉汉在街上行走，三个年轻人在拐角处谈天说地。该探究小组的参与者评论说："这中间唯一一个具有生产力且对国家有用的人，就是那个醉汉。他忙碌了一天，收入很低，现走在回家的路上。他在为家庭担忧，因为他不能满足他们的需要。他是其中唯一的劳动者。他是个体面的劳动者和醉汉，也是一个跟我们一样的人。"

这位探究者[②]本想研究酗酒方面的情况。如果他只是向参加座谈的人发放一份由他自己精心设计的调查问卷，那他就不可能产生上述反应。如果直接问他们，他们甚至有可能否认自己酗过酒。但他们在对反映某个存在情境的编码进行评论时，他们说出了自己的真实感受，因为这个存在情境为他们所熟悉，而且他们也可以在这情境中看到自己。

参与者的陈述中有两个主要的方面。一方面，他们道明了工资低、感受到被剥削和喝醉酒这三者之间的联系——喝醉酒是对现实的一种逃避，是克服无力感带来的沮丧的一种尝试，是最终自我毁灭的一种解决办法。另一方面，他们说明了应对那个醉汉给予充分肯定的需要。他是"唯一对国家有用的人，因为他工作，而其他人只是空谈"。对醉汉表示赞许之后，参与者接着就认为他们自己是和他是一样的，也是会酗酒的劳动者——"体面的劳动者"。

相形之下，想象一下从事道德说教的教育人员[③]之所以遭遇失败，是因为他们对酗酒者进行道德说教，并向他们列举体现美德的例子，而对这些人而言，这样的例子并不见得是美德的体现。在这一情况和其他情况之中，唯一合理的步骤是对这一情境的

---

① 不幸的是：这一独特的探究没有完成。

② 指精神病医生帕特里奥·洛佩斯（Patrício Lopes）。我在《作为自由实践的教育》中对他的工作进行过描述。

③ 见尼布尔（Niebuhr），同前引。

觉悟,而这应从主题探究一开始就尝试去做。(显而易见,觉悟不会停留在对某一情境的纯粹主观感知层面,而是要通过行动,为人们扫除通向人性化的障碍的斗争作准备。)

另一段经历与农民有关。在对一个反映田间劳作的情境进行讨论时,我注意到,整个讨论的不变主题是要求加工资,以及是否有必要团结起来建立工会,以实现这一特别要求。会议期间,与会者讨论了三种情境,而主题却始终未变。

现在,试想象,一位教育人员为了这些人组织了他自己的教育课程,内容由阅读"有益的"课文组成,从中可以让人学到"水在井里"这样的东西。但恰恰是,这类事情在教育和政治领域司空见惯,因为人们没有认识到,教育的对话实质是从主题探究开始的。

一旦主题探究圈的解码工作结束,探究的最后阶段便开始,探究者着手对调查结果进行系统的跨学科研究。通过听取解码会议上的录音,研究心理学家和社会学家所做的笔记,探究者开始列举会议期间所明确的或明或暗的主题。这些主题应根据不同的社会科学加以分类。分类并不意味着在详细构建课程时,把这些主题视为孤立的范畴,而只是说,每一主题都以与之相关的社会科学视角来具体加以审视。比如说,发展主题特别适合于经济学领域,但不应仅限于此。发展主题可聚焦于社会学、人类学和社会心理学(这些领域涉及文化变迁及态度和价值观的修正——与发展哲学同样相关的问题)。发展主题也可侧重用政治学(一个涉及发展决策的领域)、教育学等视角来分析。这样,具有整体性特征的主题绝不会以僵硬的方法来处理。结合现实的其他方面对主题的丰富性进行了探究之后,如果对主题的处理方式因受制于其特殊性而牺牲其丰富性(因此还有其力量),这的确令人感到可惜。

一旦主题划分告一段落,每位专家向跨学科小组提出计划,把主题"进行分解"。在分解主题的过程中,专家寻找基本的核心。这些核心由学习单元组成,并且建立一个序列,反映对主题的总体看法。在讨论各个具体计划的过程中,其他的专家提出建议。这些建议可以被融进该计划,并且(或者)可以吸纳进待写作的有关该主题的随笔之中。这些随笔都附有参考书目建议,对培训将在"文化圈"工作的教师学生是宝贵的帮助。

在力图分解有意义主题的过程中,跨学科小组会认识到,有必要把人们在此前的探究中并没有直接提出来的某些基本主题包括在内。实践证明,把这些主题引进来是必要的,并且与教育的对话特征相符合。如果制订教育课程具有对话的性质,那么教师学生也有权参与,把此前并没有提到的主题包括在内。我依据其功能,把后一种类型的主题称为"链接主题"(hinged themes)。它们或者可以有助于课程单元内两个主题间的连接,填补可能存在于两个主题之间的空白,或者可以说明总的课程内容与民众的世界观之间的关系。因此,在主题单元开始的时候也许就可以安排对其中的某个主题进行讨论。

　　文化人类学观念就是链接主题之一。它阐明人在世界上以及和世界要共同担负的角色是作为改造性的(transformative)存在而不是适应性的(adaptive)存在。[①]

　　主题分解完成之后,[②]接下来便是编码阶段:选择各个主题的最佳沟通渠道及其呈现形式。编码可以是简单的,也可以是复合的。简单编码或者是利用视觉(图片的或图表的)渠道,或者利用触觉渠道,或者利用听觉渠道;复合编码利用多种渠道。[③]对图片或图表渠道的选择,不仅取决于待编码的材料,还取决于希望沟通的个体是否具备读写能力。

　　主题编码完成之后,就准备教学材料(照片、幻灯片、电影片断、阅读课文等)。跨学科小组可以向外部专家提议,将某些主题或某些主题的若干侧面作为录音访谈的话题。

---

① 有关对文化进行人类学分析的重要性,见《作为自由实践的教育》。

② 注意:整个课程是一个整体,由互相关联的单元组成,而这些单元本身也是整体。主题本身是整体,但也由组成要素构成,它们在相互作用中构成整个课程的主题单元。主题分解把整个主题分割开,以寻找其基本核心。基本核心是部分构成要素。编码过程力图把展现存在情境的分割主题重新整体化。在解码过程中,个体把编码分割开,以理解其隐含的主题。这个辩证的解码过程并非就此终止,而是要在把分割开的整体重新整体化的过程中完成。这样,被分割开的整体就可以得到更清楚的理解(它与存在情境的其他编码情境之间的关系也可以得到更清晰的理解)。

③ 编码

　　a. 简单编码

　　　　　　视觉渠道

　　　　　　　图片式

　　　　　　　图表式

　　　　　　触觉渠道

　　　　　　听觉渠道

　　b. 复合编码:多种渠道并用

让我们以发展主题为例。跨学科小组找两位或两位以上不同思想流派的经济学家,把课程内容介绍给他们,邀请他们参加一个有关该主题的访谈,要求使用听众能听得懂的语言。如果两位专家接受的话,可以制作 15 至 20 分钟的访谈录音,可以拍一张每位专家发言时的照片。

把录音访谈展示给"文化圈"时,要作一个介绍性的说明,指出发言的人是谁,写过什么,做过什么,现在正在做什么,同时,把发言人的照片投影到屏幕上。如果发言的人,比方说,是大学教授,所作的介绍就可以包括一场讨论,看看参与者对大学的看法以及他们对大学的期待。该小组事先应被告知,在听完录音访谈之后,要对访谈内容进行讨论(用作听觉编码)。跨学科小组随后把参与者在讨论期间的反应报告给专家。这种技巧把知识分子与那个现实连接起来。知识分子虽然经常是满怀善意,但常常脱离民众所处的现实。这也为民众提供了一个听取并评论知识分子思想的机会。

某些主题或核心可以通过短剧的形式予以表现,只包含主题——不包含"解决办法"! 这种短剧呈现用作编码,用作有待讨论的提问情境。

另一种教学资源——只要这种资源用之于提问式教育方法而不是储蓄式教育方法——是对杂志文章、报纸以及书籍章节(从段落开始)的阅读与讨论。在上述录音访谈的例子中,小组一开始就先介绍作者,然后再讨论内容。

根据同样的原则,某个特定的事件发生后,有必要对各种报纸发表的社论内容进行分析:"为什么不同的报纸会对同一事实有如此不同的诠释?"这种做法有助于培养批评意识,使民众对报纸或新闻广播的反应不再是"公报"的被动对象,而是争取获得自由的意识。

教学材料应附加小小的介绍手册。在所有的教学材料备妥之后,教育团队就可以以系统化了的、强化了的形式,向民众展现他们自己的主题。来自民众的主题又回到民众中间——不是作为存储的内容,而是作为有待解决的问题。

基础教育教师的首要任务是呈现教育运动的一般课程。民众会在该课程中找到自己;因为该课程来自于他们,因而不会让他们感到陌生。教育人员还要依据教育的对话特征,对出现在课程中的链接主题及其意义作出解释。

如果教育人员没有足够的资金去开展上述初步主题探究,他们就可以——凭有关这一情境的最起码的知识——选择某些基本主题,作为"待探究的编码"。他们可以相应地从介绍性主题入手,并同步启动深入的主题探究。

其中的基本主题之一(而且我认为是核心的和不可或缺的主题)就是文化人类学观。不论是农民还是城市工人,当他们学习阅读或报名参加后扫盲课程时,他们寻求懂得更多(就其工具意义而言)的出发点,是关于这一文化观念的讨论。在讨论文化世界时,他们表达对现实的觉察程度,而各种主题就是隐含在现实之中的。他们的讨论触及现实的其他层面,使得其对现实的感知不断具有批判性。这些层面进而又涉及许多其他的主题。

有了之前的体验,我可以肯定,如果能从所有角度或从多数角度对文化观进行富有想象力的讨论,文化观就可以为我们提供教育课程方方面面的内容。此外,经过与"文化圈"的参与者几天的对话,教育人员就可以直接问参与者:"除此以外,我们还可以讨论什么主题或话题?"每个人在回答的时候,要把他的回答记录下来,并马上把它作为问题向小组提出来。

例如,一个小组成员可能会说:"我想谈一谈民族主义。""很好。"教育人员说,一边把该建议记录下来,一边补充说:"民族主义的含义是什么? 为什么会对谈论民族主义感兴趣?"我的经验证明,当一项建议被当作一个问题向访谈小组提出的时候,新的主题就会出现。假如在一个区域里有(比方说)30 个"文化圈"在同一个晚上开会,所有的"协调人员"(教育人员)以这种方式开展工作,那么,中心小组就会有丰富多样的主题材料可作研究。

从解放教育的观点来看,重要的是,通过讨论自己及同伴们的想法中或明或暗地流露出来的对世界的看法及观点,让民众终于感觉到他们是自己思想的主人。因为这种教育思想的出发点基于以下信念:不能只是把课程提供给民众,而必须通过对话,与民众一起探寻课程,所以,这种教育思想有助于实施被压迫者必须参与构建的被压迫者教育学。

第4章

本章对由反对话和对话环境发展而来的文化行动理论进行分析，会时不时提到前几章中所提出的一些观点，以便扩展这些观点，或是阐明新的主张。

我首先要重申的是，人类作为**实践**的存在（beings of the *praxis*），不同于动物作为纯粹行为的存在（beings of pure activities）。动物无法思考世界，只能淹没于世界之中。与此相反，人类从世界之中脱颖而出，把世界对象化，由此可以认识世界，并通过自身的劳动来改造世界。

不会劳动的动物，生活在一个自身无法超越的环境中。因此，各动物物种都生活在适合自身的环境中。这些环境虽然对人类都是开放的，但无法彼此沟通。

但是，人类活动由行动和反思构成：这就是实践；这就是对世界的改造。同时，作为实践，人类活动需要理论来指引。人类活动既包括理论也包括实践，既包括反思也包括行动。正如我在第2章所强调的，不能把人类活动沦为空话和行动主义。

列宁有句名言："没有革命理论，就没有革命运动。"[①]他指的是，革命的实现既不是靠动动嘴巴说一说，也不能是为行动而行动的行动主义，而是要通过实践，也就是说，要通过对有待改造的结构的**反思和行动**。要彻底改造这些结构的革命努力，不能把革命领导者指定为革命

---

① Vladimir Lenin, "What is to be Done," in *Essential Works of Lenin*, Henry M. Christman, ed. (New York, 1966), p. 69.

的**思想派**（thinkers），而把被压迫者指定为单纯的**行动派**（doers）。

真正献身于人民的事业，是要改造人民遭受压迫的现实，因而需要一套指导改造行动的理论。这一理论必须在改造过程中赋予人民一种基本的责任。领导者不能把被压迫者视为单纯的行动主义者，只有行动的幻觉，没有反思的机会，而实际上，他们是在继续被操控——在此情况下，受到操控假想敌的操控。

领导者确实要对协调，有时也要对前进方向担负起责任。但如果领导者否定被压迫者的实践，也就会使自己的实践失去根基。把自己的话语强加于别人，就会使自己的话语失灵，从而使自己的目标与方法之间产生矛盾。假如他们想真正致力于解放，离开了他人的行动和反思，他们自身的行动和反思就无法进行下去。

革命实践必须站在统治精英的实践的对立面，因为它们本质上就是相互对立的。革命实践无法容忍荒谬的二分，认为人民的实践纯粹是执行领导者决策的实践——这种二分反映了统治精英的规定式方法。革命实践是一个统一体，领导者不能把被压迫者视为自己的私人财产。

进行操纵、空喊口号、"灌输"思想、严格控制及制定规章等，都不是革命实践的组成部分，恰恰因为这些东西都是统治实践的组成部分。为了统治，统治者别无他法，只能否定民众的真正实践，否定民众独立思考和说真话的权利。他们无法以对话的方式开展行动，因为一旦这样做，就意味着他们放弃统治的权力并加入到被压迫者的事业之中，或者就意味着他们因为失算而丧失了统治权力。

显而易见，不与人民进行对话的革命领导者，要么因仍保留着统治者的特性而不能成为真正的革命者；要么因完全迷失在自己的角色构想中，成为自身宗派主义的囚徒，同样也成不了革命者。即便他们取得权力，但是源自反对话行动的革命，其有效性也完全令人怀疑。

有一点是至关重要的，那就是被压迫者必须参与革命进程，而且要不断批判性地意识到自己在改造世界中的主体作用。假如他们是作为模棱两可的存在参与这一进程，一方面是他们自己，另一方面则是隐居在他们内心的压迫者——而且如果他们最终取得权力的时候还体现出这种由压迫情境强加给他们的双重性——我的看法是，他们只是臆想(imagine)他们已夺取了政权。① 他们双重性的存在甚至会促进宗派氛围的产生,导致官僚政治,给革命带来损害。假如被压迫者在革命进程中意识不到这一双重性,他们就更可能以复仇而不是革命的精神参与这一进程。② 他们就会渴望把革命当作是控制的手段,而不是引向解放的道路。

倘若真正具有人本主义情怀的革命领导者会遇到这样或那样的困难和问题,那么,对那些想替人民进行革命(哪怕是出于最美好的意图)的领导者来说,他们遇到的困难和问题要大得多,也要多得多。这样做无异于进行一场脱离人民的革命,因为人民被卷入这一进程的方法和程序与用以压迫他们的方法和程序并无两样。

与人民对话是每一场真正的革命的基本要求。这是使之成为一场革命,而不是一场军事政变(coup)的关键所在。从政变身上,人们无法指望进行对话——政变只有欺骗(以便获取其"合法性")和武力(以便镇压)。真正的革命必然迟早会激发与人民勇敢地进行对话。其真正的合法性就在于对话。③ 革命不能害怕人民,不能害怕人民的表达,不能害怕人民有效参与权力。革命必须对人民负责,必须向人民坦言其得失成败及困难。

对话越早开始,运动就越体现真正的革命性。革命所必需的对话也符合另一项基本需求:那就是作为人,离开了交流,就不能成为真正的人,因为人在本质上是交流的生灵。阻止交流就等于把人沦为"物"——这是压迫者而不是革命者所要做的事情。

我要强调的一点是,我为实践辩解,并不是说可以对实践进行二分,前一阶段是反思,后一阶段则是行动。行动和反思是同步发生的。然而,对现实进行批判性分析,会显现出某种特定模式的行动在当前是行不通的或不合适的。通过反思觉察到这样或

---

① 这一危险还要求革命的领导者不要去模仿压迫者的做法。压迫者"进入"了被压迫者体内,并在他们身上"隐居"起来。在与被压迫者一起进行的实践中,革命者不能想方设法"存在于"被压迫者身上。相反,他们(与被压迫者一起)努力"赶走"压迫者,他们这样做是为了与被压迫者一起生存,而不是活在他们的身体内。

② 尽管被压迫者一直是剥削制度的受害者,他们带着一种复仇的心态投身于革命斗争,这是可以理解的,但革命不应被这种心态耗尽了力量。

③ 在确定格瓦拉(Guevara)的死讯时,菲德尔·卡斯特罗(Fidel Castro)对古巴人民说:"尽管我们可能会从怀疑身上获得某种好处,但说谎、惧怕真理、顺应错误的幻觉、共谋说谎等从来都不是革命的武器。"引自 *Gramma*,1967 年 10 月 17 日。强调部分为作者所加。

那样的行动不可行或不合适（因而应被推迟或替代），对于这样的人，我们不能指责他们没有采取行动。批判性反思也是一种行动。

我前面说过，在教育中，教师学生对某一可认知对象的理解努力，不会穷尽在这一对象身上，因为这一行为会延伸到其他学生教师身上，从而使这一可认知对象成为他们理解能力的中介。革命行动也是如此。也就是说，被压迫者和领导者一样，都是革命行动的主体，而现实在这两个群体的改造行动中发挥着媒介的作用。在这一行动理论中，我们不能说**一个行动者**（an actor），也不能简单地说**一群行动者**（actors），而应该说是**处于相互沟通中的行动者**（actors in intercommunication）。

这一主张看起来好像意味着革命力量的分割、分离和分裂，但实际上，它却反映了截然相反的情况，即革命力量的交融（communion）。离开这一交融，我们的确可以看到分离的现象：一边是领导者，另一边是人民，这是对压迫关系的复制。在革命进程中否定交融，借口组织人民、加强革命力量或确保联合阵线，避免与人民对话，这实际上都是对自由的惧怕。这就是对人民的恐惧或对人民缺乏信任。但是如果对人民不信任，就根本没有理由去解放；如此一来，革命甚至不是**替人民**而进行的，而是"**靠**人民为领导者而进行的：这是一种彻底的自我否定。

革命既不是由领导者为了人民，也不是由人民为了领导者而发动的，而是靠两者不可动摇地勠力同心，共同行动来完成的。这种齐心协力只有在领导者与人民进行谦逊、友爱、勇敢的相遇时才能产生。并非所有的人都有这种相遇的勇气——但当他们逃避这一相遇时，他们就变得很僵化，待别人为"物"；他们扼杀生命，而不是滋育生命；他们逃避生活，而不是探寻生活。而这些都是**压迫者**的特性。

有些人也许会认为，肯定对话——为了改造世界而在世界上相遇——充满理想主义，近乎天真、主观。① 然而，没有什么比人在世界上并与世界共存更真实、更具体，没有什么会比人与人之间相互支持——还有某些人与另一些人相对立，正如压迫阶级与被压迫阶级之间的关系——更真实、更具体。

真正的革命力图去改造导致这种非人性化状态的现实。现实的既得利益者不会去进行这种改造；它必须由被统治者及其领导者一起去改造。然而，以下真理极

---

① 我再次重申，这种对话式的接触在敌对者之间是不可能发生的。

为重要，那就是，领导者必须通过与人民的交融使之**具体化**。在交融过程中，两个群体一起成长，领导者不是自封的，而是在与人民的共同实践中得以确立或证实的。

　　受制于对现实的机械看法，许多人没有察觉到，个体的具体情境约束着他们对世界的意识；也没有察觉到这种意识反过来又约束着他们对待现实的态度和方法。他们认为现实可以机械地加以改造，①没有把人对现实的错误意识作为问题提出来，或者通过革命行动，培养一种错误越来越少的意识。历史现实无一不是人类创造的。**不存在无人类的历史**，也没有**赐予**人类的历史；只有**属于**人类的历史，由**人民**创造并且（马克思曾指出）反过来又创造人民的历史。多数人被剥夺作为主体参与历史的权利之时，就是他们被支配、被疏离之时。因此，要用主体地位取代他们作为客体的条件——这是任何真正的革命的目标——就要求人民对有待改造的现实作出行动和反思。

　　仅凭对压迫现实的反思以及对作为客体地位的发现，就认定人们已经成为主体，这是真正的理想主义。认知到这一点本身并不意味着思想者已经成为主体，但这**的确**意味着，正如我的一位合作探究者②所肯定的那样，他们就是**"期待中的主体"**（Sujects in expectancy）——这一期待促使他们努力巩固自己的新地位。

　　另一方面，认为行动主义（并非真正的行动）是通往革命的道路，这也是一个错误的前提。人只有充分实践，才具有真正的批判性，也就是说，只有人的行动包含着批判性反思，不断地理清自己的思想，从而摆脱对现实天真的认知，进入一个更高层次的认识，才能察觉到产生现实的**原因**。如果革命领导者否定了人民的这种权利，他们反而伤害了自己的思维能力——至少是削弱了自己的正确思维能力。革命领导者不能**脱离**（without）人民去思考，也不能**替**（for）人民去思考，而只能**与人民一起**（with）来思考。

　　然而，统治精英能（而且的确是）脱离民众去思考——尽管为了更好地了解民众，

---

① "在这些时代，统治阶级地位稳固，工人运动必须面对强劲的敌手，它有时来势汹汹，且始终牢牢掌握大权。这些时期自然产生了一种社会主义文学，强调现实的'物质'因素、待克服的障碍以及人类意识和行动的低效。"戈德曼（Goldman），同前引，第80页至第81页。

② 费尔南多·加西亚（Fernando García），洪都拉斯人，在为拉美人开的一门课中如此讲（圣地亚哥，1967年）。

以更有效地统治民众,他们也不得不思考关于(about)民众的事情。因此,统治精英与人民大众之间的任何表面上的对话和交流实际上只是灌输"公报"而已,其内容旨在施加一种驯化人的影响。

那么,为什么统治精英虽不与民众一道思考,其力量却没有得到削弱呢? 因为民众构成了他们的对立面,构成了他们存在的真正原因。如果这些统治者与民众一起思考,这一矛盾(对立面)就会不存在,他们也就不能再统治了。对任何时代的统治者来说,正确的思考都是以民众的不思考为前提的。

> 有一位吉迪(Giddy)先生,他后来成了皇家协会主席。他提出了反对看法,这种看法在每个国家都普遍存在:"不管提供给贫苦劳动阶级的教育计划在理论上如何貌似有理,它都会危害到他们的道德和幸福;它会教他们鄙视生活中的命运,而不是成为农业和其他体力行当中的忠实仆人;它将使他们变得倔强和难于驾驭,而无法教会他们顺从,这在一些制造业地区非常明显;它会使他们去阅读一些具有煽动性的小册子、邪恶的书籍和反对基督教的出版物;它会促使他们无视上级,而且几年后,立法机关会发觉有必要采用强硬的手段来压制他们。"①

吉迪先生真正需要的(也是今天的统治精英们需要的,虽然他们没有如此冷嘲热讽地、公开地攻击大众教育)是不要民众去思考。因为任何时代的吉迪先生们,作为压迫阶级,都无法与民众一道思考,所以他们也不允许民众为自己思考。

然而,革命领导者并非如此;如果他们不与人民一道思考,他们就会失去活力。人民是他们的组成母体,而不仅仅是被思考的对象。虽然为了更好地理解人民,革命的领导者也得思考人民,但这种思考与统治精英的思考不同;因为为了解放(而不是为了统治)而思考人民,革命领导者的思考是把人民放在心上的思考。一个是主子(master)的思考,而另一个则是**同志**(comrade)的思考。

就其本质而言,统治仅需要处在对立矛盾之中的统治一端与被统治一端;而力图解决这一矛盾的革命解放,不仅意味着这两端的存在,也意味着在努力过程中涌现出来的领导集体的存在。这一领导集体必须认同民众的被压迫状态,否则就不是革命。

---

① 尼布尔,同前引,第 117 页至第 118 页。

像统治者那样,只是简单地思考关于民众的事情,而没有无私地思考,不与民众一起思考,那肯定不能成为**革命**的领导者。

在压迫过程中,统治精英依靠被压迫者的"行尺走肉"(living death)而生存,他们在自己与被压迫者的垂直关系中获得身份验证;而在革命过程中,脱颖而出的领导者只有一条路可以获得真实性:他们必须"死去",旨在通过被压迫者并与被压迫者一起重获新生。

我们可以公正地说,在压迫过程中,一个人压迫另一个人;我们不能说,在革命过程中,一个人解放了另一个人,也不能说,一个人解放了自己,而只能说交融中的人相互解放。这一论断并不是要贬低革命领导者的重要性,恰恰相反,这突出了他们的价值。还有什么比与被压迫者、与"生活的遗弃者"、与"人间的不幸者"一起生活劳动更重要呢? 在这一交融中,革命领导者不仅应该找到自己存在的意义,还应该找到欢欣鼓舞的动力。就其本质而言,革命领导者能够做到统治精英在本质上无法真正做到的事情。

作为一个阶级,统治精英每每接近被压迫者,都会被第 1 章所描述的虚假慷慨所掩盖。但是革命领导者既不能对人民虚情假意地施舍慷慨,也不能操纵人民。虽然压迫阶层是靠把民众踩在脚下而得以壮大的,然而革命领导者只能在与人民的交融中茁壮成长。因此,压迫者的行动不可能具有人本主义性质,而革命者的行动必须充满人本主义精神。

压迫者的非人道和革命者的人本主义都要用到科学。但是为压迫者服务的科学技术被用来使被压迫者沦丧为"物"的地位;而在为革命者服务时,科学技术被用来促进人性化。然而,被压迫者必须成为人性化阶段的主体,以免继续把他们视为科学利益的纯粹客体。

科学的革命人本主义不能以革命的名义把被压迫者视为分析的对象并(据此分析)作出行为规定。这样做就会落入压迫者意识形态的一个神话:**无知的绝对化**(absolutizing of ignorance)。这一神话意味着一个人的存在能判定另一个人的无知。作此判定的人以为自己和自己所属的阶级是明事理或生来就知道的人;因而他把其他人看成是格格不入的存在体。他自己归属的阶级所说的话都是"真实的";他把这些话强加于或试图强加于其他人,即被压迫者,而被压迫者却被剥夺了说话的权利。

那些剥夺别人说话权利的人,对别人的能力产生严重的怀疑,认为别人是无能的。还没等被他们剥夺了话语权的人开口说话,他们就滔滔不绝、言之凿凿,每每如此,他们醉心于权力,并养成了一种发布指示、发号施令和指挥人的嗜好。如果没有一个可以任由他们发号施令的人,他们就再也无法生存。在这些情况下,对话是不可能实现的。

另一方面,科学的和人本主义的革命领导者不能信奉这种认为民众无知的神话。他们一刻也没有权利怀疑这只不过是一个神话。他们不能相信,他们,也只有他们,无所不知——因为这就意味着怀疑人民。虽然他们可以公正地认为,由于他们的革命意识,他们自己具有一定水平的革命知识,与人民的经验知识水平有所区别,但不能把自己和自己的知识强加给人民。他们不能只对人民空喊口号,必须与人民进行对话。这样,人民对现实的经验知识才会在领导者批判性知识的滋养下,逐步转变成关于现实**成因**的知识。

指望压迫阶层放弃把民众无知绝对化的神话,这是天真幼稚的。但如果革命领导者**不**这样做,那也是自相矛盾的,而如果革命领导者也是根据这一神话而行动,那就更加矛盾了。革命领导者的任务是,不仅要把这一神话,而且要把压迫阶级用于压迫的其他神话全部都作为问题提出来。相反,如果革命领导者执意要仿效压迫者的统治方法,人民的反应可能就不外乎两种方式。在特定的历史环境下,他们可能会被领导者强加于他们头上的新思想所驯化。在另一种情况下,他们可能会惧怕对隐居在他们身上的压迫者构成威胁的"字词"。① 无论是其中的哪种情况,他们都不能成为革命者。前一种情况下,革命是一种幻觉,而在后一种情况下,革命则无从谈起。

---

① 有时这个"字词"甚至没有说出来。一个人(并不一定属于某个革命群体)如果可以对"隐居"在人民内心的压迫者构成威胁,这个人的出现就足以让压迫者采取毁灭性的立场。

　　一个学生曾告诉我,在拉美的某个农村社区里,一位狂热的牧师斥责该社区里有两个"共产主义分子",这两人正在"威胁"着他所谓的"天主教信仰"。就在那天晚上,农民们一起活活烧死了那两个人。他们只不过是小学教师,一直在教当地的孩子们。也许这个牧师在这两位教师的屋子里看到过一本书,封面上是一个大胡子的人……

某些好意但误入歧途的人认为,既然对话过程被延长①(这其实并不正确),他们就应该借由发布"公告"而不是通过交流来进行革命。他们还认为,只有当革命取得胜利,他们**随后**才展开彻底的教育工作。他们进一步为此程序辩解说,在夺取政权之前要进行教育——解放教育——是不可能的。

我们有必要对上述主张的一些要点进行分析。这些人(或他们中的大多数)虽然相信与人民进行对话是必要的,但并不相信在取得政权前进行对话行得通。当他们否定了领导者可以在夺取政权前采用一种批判性教育的方式开展活动时,他们实际上就等于否认了革命作为**文化行动**(cultural action)所具有的教育特质,而这种文化行动是为**文化革命**(cultural revolution)作铺垫的。另一方面,他们把文化行动与一旦夺取政权就要引进的新教育混为一谈。

我早已明确提出,要指望压迫精英实施解放教育实在是天真的想法。但是由于革命毫无疑问具有教育的性质,也就是说,除非革命能获得解放,否则就不是革命,所以,夺取政权仅仅是整个革命过程中的一个时刻——不管这一刻多么重要。作为过程,革命"前"还处于压迫者社会,并且只有革命意识才能明察这一点。

革命是在压迫者社会内部产生的一个社会实体(social entity)。只要革命是文化行动,就势必要应合它所缘起的社会体的内在潜能。每个社会体的发展(或改造),是

---

① 我想再次强调,对话与革命行动不能被截然二分:并不存在哪个阶段是对话阶段,而另一阶段是革命阶段。相反,对话是革命行动的本质。在这一行动理论中,**行动者**主体间把行动指向一个对象(即**现实**,这是他们的中介),把人的人性化(要通过改造这一现实来实现)当作他们的目标。

　　压迫者行动理论在本质上是反对话的。在这一理论中,上述方案被简化了。**行动者**把**现实**与**被压迫者**同时当作他们行动的**对象**,把维持压迫(通过维护压迫的现实)当作他们的目标。

革命行动理论		压迫行动理论	
主体间性			
主体—行动者　　行动者—主体		行动者—主体	
(革命领导者)　　(被压迫者)		(统治精英)	
相互作用			
中介对象　待改造的现实　中介对象		对象——待维持　对象——被压迫者(作	
		的现实　　　　为现实的组成部分)	
目的		目的	
目标　　把人性化作为　　目标		目标——维持压迫	
一个持久的过程			

由于自身内部矛盾的相互作用。外部条件虽然必要,但只有符合社会体的内在潜能才能起作用。① 革命的新气象产生于压迫的旧社会;夺取政权仅仅构成了持续的革命进程中的一个决定性时刻。以动态的而非静态的革命观点来看,不存在绝对的以夺取政权为分界线的革命"前"和革命"后"。

革命的发生离不开一定的客观条件。革命寻求在不断解放的过程中建立一个人人享有的社会,以此来取代压迫情境。革命的教育和对话性质也使革命成为"文化革命",革命的这一性质在革命各个阶段都必须得以体现。这一教育性质是防止革命在反革命官僚制度下制度化和阶层化的最有效手段之一,因为反革命总是由那些变节为反动分子的革命者所发动的。

如果在夺取政权前无法与人民进行对话,因为人民没有进行对话的经验,那么要人民掌握政权也无从谈起,因为他们同样也没有行使权力的经验。革命进程是动态的,也正是在这一持续的动态中,在人民与革命领导者的实践中,人民与领导者才能学会进行对话和行使权力。(这就与一个人是在水里而不是在图书馆里学会游泳的道理一样浅显。)

与人民进行对话既不是一种让步,也不是一种恩赐,更不是用以统治的一种策略。对话,就像人与人之间相遇以"命名"世界一样,是实现真正人性化的基本先决条件。用加霍·彼得罗维奇(Gajo Petrovic)的话来说就是:

> 只有当一个人改变了他的世界及自身,这一行动才算是自由的行动……自由的正向条件是对必要限度(limits of necessity)的认知,对人类创造可能性的觉察……追求自由社会的斗争,只有在通过斗争获得更大程度的个人自由之时,才算得上是一场真正追求自由社会的斗争。②

如果这一观点是正确的,那么革命进程在本质上就具有显著的教育特征。因此,要革命,就必须对人民开诚布公,而不是遮遮掩掩;就必须与人民相濡以沫,而不是猜忌怀疑。就像列宁所指出的,为了与压迫政权进行斗争,革命越需要理论,领导者就越应该**到人民中间去**。

---

① 见毛泽东,同前引。
② 加霍·彼得罗维奇(Gajo Petrovic)"人与自由",出自《社会主义人道主义》,埃里希·弗罗姆编(纽约,1965),第 274 页至第 276 页。另见同一作者所著的《二十世纪中叶的马克思》(纽约,1967)。

基于以上这些基本命题,让我们对反对话行动理论和对话行动的理论进行更深入具体的分析。

征服

反对话行动的第一个特征就是征服(conquest)的必要性。在与他人的关系中,反对话个体的目的就是征服他人——程度愈演愈烈而且不择手段,包括从最粗暴的到最文雅的方式,从最严厉的到最关切的(家长作风)不等。

任何征服行为都包含着征服者和被征服的人或物。征服者把自己的意图强加于被征服者,使他们变成自己的私有物。他把自己的形象强加给被征服者,而被征服者把这一现象内化于心,从而变成了内心"隐居"着另一形象的双重存在。从一开始,想把人沦丧为物的征服行为就体现出恋尸癖特征。

正如反对话行动是真实具体的压迫情境所造成的,对话行动对要铲除这种压迫情境的革命来说是不可或缺的。个体反对话或对话与否,并不是发生在理论上,而是发生于现实世界中。他不可能先是反对话的,后才是压迫者,而是在反对话的同时又是压迫者。在压迫的客观情境下,反对话必然成为压迫者进一步压迫的手段——不仅在经济上,而且在文化上:被征服者被剥夺了说话、表达其意愿及文化的权利。再者,一旦压迫情境出现,反对话就变成了维持此状态必不可少的组成部分。

因为解放行动本质上具有对话性质,对话不可能**后于**这一行动,而必须与之同步进行。解放必定是一个持久的状态,所以对话就成了解放行动**持续不断的**一个方面。①

征服的欲望(或者说是征服的必要性)贯穿于反对话行动之中。为此,压迫者力图摧毁被压迫者身上作为世界"思索者"的品质。由于压迫者无法彻底摧毁这一品质,因此他们就必须**神化**(mythicize)世界。为了给被压迫和被征服者展示一个虚假的世界,以增强他们的疏离与被动,压迫者想出一系列的方法措施,防止把世界作为问题呈现,

---

① 一旦一场大众革命掌握了政权,新的政权在伦理上有责任压制任何企图恢复旧压迫权力的企图,但这一事实并不表明,革命与其对话特征构成矛盾。原先的压迫者和被压迫者作为两个势不两立的阶级之间的对话,不可能发生在革命之前,同样也不可能发生在革命之后。

而把世界展示成一个恒定不变的存在体,某个既定的东西——人民作为单纯的旁观者只能适应之。

为了通过压制使民众处于被动状态,压迫者就必须有步骤地接近民众。不过,这种接近并不是真正地与民众站在一道,也不需要开展真正的交流。它是通过压迫者传播对维护社会现状不可或缺的神话来完成的:例如,压迫秩序就是"自由社会"的神话;所有人都可以想在哪里工作就在哪里工作,如果不喜欢老板就可以另谋高就的神话;这一秩序尊重人权,因而也应该值得尊重的神话;任何人只要勤劳都能成为企业家的神话——更糟的是,街头小贩与大工厂主都一样是企业家的神话;人人都享有教育权的神话,即便是所有巴西的儿童都能入读小学,但能进入大学深造的人却凤毛麟角;人人都平等的神话,而实际生活中像"你知道你在跟谁说话?"之类的问题仍很流行;压迫阶级反抗"物质至上野蛮行径"、捍卫"西方基督文明"的英雄气概的神话;统治精英博爱、慷慨的神话,而作为阶级,他们实际所做的是助长选择性的"善行"(因此被美化成"无私援助"的神话,这一神话在国际上受到了教皇约翰二十三世的严厉抨击);①统治精英"认清了自己的责任",推动了人民的进步,所以人民应该感恩戴德,该听他们的话并遵从他们的神话;反叛是违背上帝旨意的罪恶的神话;私有财产是个人人性发展的基础(只有压迫者是唯一真正的人)的神话;压迫者是勤劳的,而被压迫者是懒惰、不忠的神话;以及被压迫者生来低人一等而压迫者高人一等的神话。②

把所有这些神话(及读者可以自行罗列的其他神话)内化,是对被压迫者进行压迫所必需的。这些神话是通过精心组织的宣传和标语,通过大众"传播"媒体传递给被压迫者的——仿佛这样的疏离构成了真正的交流!③

总之,凡压迫现实一定同时又是反对话的,正如压迫者不遗余力地对被压迫者进

---

① "再者,经济发达国家应特别注意,在给贫穷国家提供援助时,力图使当前的政治形势有利于自身,并寻求控制这些穷国家。

　　如果发达国家真有这种企图,这显然只是另一种形式的殖民主义。尽管这只是改换了门面,但仅反映了早期的但已过时了的控制。现在很多国家已放弃这种控制。当国际关系受到这样的妨碍时,各民族有序的进步就会受到损害。"教皇约翰二十三世,"基督教与社会进步",引自教皇通谕 *Mater et Magistra*,第 171 条和第 172 条。

② 麦米(Memmi)指的是殖民者为被殖民者构建的形象:"通过诋毁,殖民者建立了被殖民者懒惰成性的形象。殖民者认定,懒惰是被殖民者的先天本性。"麦米,同前引,第 81 页。

③ 我批评的不是媒体本身,而是媒体被利用的方式。

行征服必定是反对话一样。在古罗马，统治精英鼓吹有必要把"面包与马戏"（bread and circus）施舍给人民，以便"软化他们"，从而保证自己的安宁。今天的统治精英跟过往时代的统治精英一样，继续（用一种"原罪"般的方式）需要去征服他人——无论是利用还是不利用面包和马戏。征服的内容和方法在不同历史时期各不相同，但（只要统治精英存在）唯一不变的，是对压迫充满恋尸癖般的迷恋。

分而治之

这是压迫行动理论的另一个基本维度，其历史与压迫本身一样古老。当压迫者少数支配和统治人民多数时，为了不失去政权，他们必须对这大多数进行分化，使之处于分裂状态。压迫者少数决不容忍民众团结联合，因为这毫无疑问会对他们自身的统治地位构成严重的威胁。因此，压迫者会不惜利用任何手段（包括暴力），把任何能唤起被压迫者团结需求的行动扼杀在萌芽状态。像团结、组织及斗争这样的概念立即会被贴上危险的标签。当然，这些概念对压迫者来说其实**的确**是危险的，因为将这些概念付诸实践是解放行动所必需的。

进一步削弱被压迫者，孤立他们，制造并加深他们之间的分裂，这符合压迫者的利益。要做到这一点，手段可以多种多样，从政府官僚的压制手段到种种文化行动等不一而足。他们利用这些手段来操纵民众，同时给他们留下一个他们正在接受帮助的印象。

压迫文化行动的特点之一是，强调仅从**局部**来看问题，而不是把这些问题看作是构成**整体**的不同侧面。那些专注但却天真的相关专业人士几乎从未察觉到这一特点。在"社区发展"计划中，一个地区或区域越是被细分为更多的"地方社区"，但却并没有把这些地方社区当作整体本身以及另一个整体（如地区、区域等）——这一整体进而又是一个更大的整体（比如国家，作为所在的大洲这一整体的一部分）的组成部分——的一部分来加以研究，那么就越是加剧了民众之间的相互疏离。民众之间关系越疏离，就越容易将他们分化并维持这一分化的状态。这些限于局部的行动形式，强化了被压迫者限于局部的生活方式（尤其在农村地区），妨碍了被压迫者批判性地感知现实，使他们无以了解其他地区被压迫者的问题。①

　　所谓的"领导力培训课程"也同样产生这种分化的效果。虽然课程的组织者中有许多人在实施过程中并没有这样的意图,但这些课程到头来还是造成了疏离。这些课程都是建立在以下天真假设基础之上的:我们可以通过培养领导来促进社区发展——好像是局部地区促进整个地区发展,而不是整个地区在发展的过程中带动局部地区的发展。有足够领导能力被选中参加这些课程的社区成员,必须反映并表达他们所在社区中个体的愿望。尽管他们展现出身为"领导者"的独特才能,但他们与同伴的生活方式及对现实的思考方式是和谐一致的。一旦他们完成培训课程,带着以前不具备的资源回到社区,他们要么利用这些资源来控制同伴们被淹没、被支配的意识,要么就变成了所在社区中的陌生人,他们原先的领导地位因而受到威胁。为了保住自己的领导地位,他们往往会继续对社区进行操纵,但以一种更有效的方式。

　　文化行动作为一个整体性的和进行整体化的过程,当它进入整个社区,而不仅仅是进入其领导时,相反的过程就出现了。原先的领导要么与其他人一起成长,要么被新领导所取代,而新领导的涌现就是社区中新的社会意识产生的结果。

　　压迫者不喜欢将社区作为一个整体来推进,而只会选用被他们看中的领导。后一个过程维护了疏离状态,它势必阻碍了意识的觉醒,阻碍了对整个现实的批判性干预。而离开了这一批判性干预,被压迫者通常就难以作为一个阶级团结起来。

　　因为压迫者不愿将他们自己视为压迫阶级,所以阶级冲突是令压迫者感到困扰的又一概念。无论压迫者如何努力,他们都无法否认社会阶级的存在,于是他们便宣扬,购买劳动力和被迫出卖劳动力这两个阶级之间有必要互相理解与和平共处。② 然而,

---

① 这一批评当然不适用于辩证视角下的行动,因为这要求把地方社区既作为整体本身又作为一个更大的整体的一部分来加以观照。这一批评针对的是那些认识不到地方社区的发展离不开整体背景的人。在这一整体背景中,地方社区是与其他组成部分相互作用的一个部分。这一要求表明,要有多样化的团结意识,要有通过种种渠道输送斗争力量的组织意识,要对改造现实的必要性有清醒的认识。这便是压迫者所害怕的(这一点是可以理解的)。

② 法兰尼克·施普利特(Franic Split)主教雄辩地指出了这一点:"如果劳动者未能在某种程度上成为自己劳动力的主人,一切结构性的改革都是徒劳的。即使劳动者在一个经济体系下得到了较高的工资,但仍不能满足于这样的工资增长(情况也是如此)。他们必须成为自己劳动力的主人,而不是出卖劳动力的人。……目前,劳动者越来越清楚地认识到,劳动力是人的一部分。人既不(转下页)

两个阶级间存在着无法掩盖的对立，使得这种"和谐共处"成为不可能。① 统治精英要求阶级之间和谐共处，仿佛阶级就是个体的偶然聚集，在某个周日下午好奇地打量着商店橱窗。唯一可行、可证实的和谐，只能存在于压迫者自身之中。虽然他们可能有分歧，有时为了群体利益互相冲突，但一旦对其阶级构成威胁，他们马上就会团结起来。同样，被压迫者的和谐，也只有在被压迫者投身解放的斗争之时才有可能实现。只有在例外的情况下，才使得两个阶级不仅有可能而且有必要团结起来并采取和谐行动；然而，使他们联合起来的紧急情况一旦消除，他们便又回到矛盾状态。这一矛盾规定了他们的存在，并且从未曾真正消失过。

为便于维持压迫者的地位，统治阶级的一切行动都体现了分化的需要。统治阶级对工会进行干预，为的是被统治阶级某些"代表"的利益（他们实际上代表的是压迫者，而不是自己的同志）；统治阶级提拔某些人，因为这些人展示了领导才能，如果不以这种方式"软化"他们，他们就可能会对自身构成威胁；统治阶级给予某些人利益，而对另一些人则进行惩罚等：所有这些都是分化的手段，以便维护有利于统治阶层的制度。这些行动方式直接或间接地利用了被压迫阶级的一大弱点：他们基本的不安全感。被压迫者内心"隐居"着压迫者，是一种双重存在，因而没有安全感。一方面，他们抵制压迫者，另一方面，在他们与压迫者关系的某一特定阶段，他们又被压迫者所吸引。在这样的情况下，压迫者可以轻易从分化行动中获得好处。

另外，经验告诉被压迫者，如果他们拒不接受压迫者旨在防止他们联合成一个阶级的"邀请"，他们就要付出代价：最起码是失去工作，发现自己被列入"黑名单"，这意

（接上页）能被出售，也不能出卖自己。买卖劳动力是一种奴役。人类社会在这方面的演变在一个制度体系内显然是在进步。这个体系就是马克思主义。在响应人的尊严问题上，有人却说这个体系还不及我们自己所处的体系那么敏锐。""15 Obispos hablan en prol del Tercer Mundo." *CIDOC Informa* (Mexico, 1967), Doc. 67/35, pp. 1 - 11.

① 关于社会阶级和阶级斗争（卡尔·马克思常被指责是杜撰了这些概念），见马克思 1852 年 3 月 1 日致 J·韦德梅尔（J. Weydemeyer）的信。信中说："……发现现代社会中阶级和阶级斗争的存在，这并不是我的功劳。早在我之前，就有资产阶级历史学家阐明了阶级斗争的历史发展，而资产阶级经济学家也早已对阶级作了经济上的剖析。我的创新之处就在于我证明了：(1)阶级的存在是与生产发展过程中的特定历史阶段联系在一起的；(2)阶级斗争必然导致无产阶级专政；(3)无产阶级专政本身只是向消灭一切阶级并向无产阶级的社会过渡……"Karl Marx and Frederick Engels, *Selected Works* (New York, 1968), p. 679.

味着他们以后就再也找不到工作了。因此,他们基本的不安全感就直接与对其劳动力的奴役联系在一起——这实际上意味着对他们人身的奴役,正如施普利特(Split)主教所强调的那样。

只有创造世界(即人类世界),而且是通过改造性劳动来创造世界,人才能自我实现。因此,人类作为人的存在的自我实现,就在于世界的实现。假如一个人在劳动世界中完全依赖于别人,没有安全感,而且一直受到威胁——假如他的劳动不属于他自己——那他就无法自我实现。不自由的劳动不会是一种自我实现的追求,反而变成了非人性化的有效手段。

被压迫者为实现团结而采取的每一步骤都指向其他的行动;它意味着,被压迫者迟早会感知到他们被剥夺人格(depersonalization)的状态,并发现只要处于分化之中,他们就很容易成为操纵与统治的牺牲品。团结和组织有助于他们把自己的弱点转变成改造力量,使他们能凭这一力量去改造世界,使世界更人性化。① 然而,他们正当追求的更具人性的世界,与压迫者的"人类世界"相对立——压迫者的"人类世界"实为压迫者独霸的世界。压迫者宣扬,在他们自己(使他人非人性化)与被压迫者(被非人性化)之间不可能存在和谐。由于压迫者与被压迫者是对立的,符合一方的利益势必就会伤害另一方的利益。

因此,为维持现状而实施分裂,必然是反对话行动理论的基本目标。另外,统治者力图以被其非人性化和分化的人的救世主的面目示人。然而,这种救世主义(messianism)无法隐藏他们真正的意图:拯救自己。他们要拯救自己的财富、自己的权力和生活方式:使他们能够支配他人的那些东西。他们的错误在于,不管是作为个人还是压迫阶级,他们都**无法拯救自己**(不管人们怎么理解"拯救")。只有**与他人为伍**(with)才能实现拯救。然而,只要精英们压迫他人,不管程度如何,他们都无法**与被压迫者为伍**,因为**与被压迫者为敌**(against)是压迫的本质。

通过对压迫行为进行心理分析,我们可以发现,压迫者的"虚假慷慨"(在第 1 章中

---

① 正因为此,压迫者有必要使农民与城市工人分隔开来,正如有必要使这两个群体与学生分隔开来一样。虽然从社会的角度来讲学生并不构成一个阶级,但学生动乱一旦与人民联合起来,这将是非常危险的。因此,有必要使下层阶级相信,学生是不负责任的和不守秩序的,学生的主张是错误的,因为作为学生,他们应该学习,正如工厂工人和农民应为"国家的进步"而工作一样。

作了描述)是压迫者罪恶感的一种表现。利用虚假慷慨,压迫者不仅企图要维持不公和迷恋死亡的秩序,而且想为自己"买到"和平。而和平是无法买到的:和平只存在于同心同德和充满友爱的行动中,在压迫中无法体现。因此,反对话行动理论以救世主面目示人的成分,进一步说明了此行动的第一大特征:征服的必要性。

既然有必要为了维持现状并(因此而)维护统治者的权力而分化民众,所以,压迫者不让被压迫者识破自己的策略,就显得尤为重要。因此,前者必须让后者相信,他们正受到"保护",以免遭受"边缘分子、暴徒及上帝的敌人"的恶毒行为的侵扰,而事实上,这些名称指的正是曾经和正在勇敢地追求人性化的人。为了分化和迷惑民众,破坏者却把自己称为建设者,而把真正的建设者指责为破坏者。然而,历史却总会还这些名称以事实。今天,虽然官方用语仍把"拔牙者"(Tiradeutes)①称为谋叛分子(Inconfidente),把他领导的解放运动称为谋反(Inconfidência),但说他是"土匪",下令把他绞死、分尸,并把血淋淋的碎尸散布到邻近村落示众的人,②绝不是民族英雄。"拔牙者"才是真正的英雄。历史撕毁了压迫精英赐予他的"称号",并还其行动以清白。真正的英雄是在自己所处的时代团结人民争取解放的人——而不是那些利用权力分化并统治民众的人。

操纵

操纵是反对话行动理论的另一特征,而且与分而治之的策略一样,它也是征服的一种手段:此理论的方方面面均以此为目标。通过操纵,统治精英力图使民众顺应他们的旨意。民众(无论在农村,还是在城市)的政治成熟度越低,就越容易被不愿丧失权力的人所操纵。

---

① 1789 年,在米纳斯吉拉斯州的欧普鲁雷图爆发了一场巴西向葡萄牙争取独立的斗争。"拔牙者"是这场流产了的革命的领导者。这场运动在历史上被称为"米纳斯谋反"(*Inconfidência Mineira*)。——英译者注("拔牙者"本名为约阿金·若热·达·席尔瓦·夏维尔,他从小就学到了高超的拔牙技术,因而被邻里街坊送了个"拔牙者"的绰号。"拔牙者"是第一个为独立的理念而牺牲的巴西人。巴西独立后,将"拔牙者"被施以绞刑的 4 月 21 日确定为"拔牙者"纪念日。——汉译者注)
② 维斯孔德·德·巴尔巴塞纳(Visconde de Barbacena)是该省皇家行政长官。——英译者注

民众被本章先前所描述的种种神话所操纵，另外一种神话也操纵着他们，即资产阶级呈现给民众的模式本身就意味着他们有机会往上爬。然而，为了使这些神话发挥作用，民众就必须对资产阶级唯命是从。

在特定的历史条件下，操纵是通过统治者与被统治阶级间约定的方式来实现的——从表面来看，这些约定给人一种不同阶级间对话的印象。而实际上，这些约定不是对话，因为其真正的目标是由统治精英毫不含糊的利益所决定的。总之，这些约定是统治者用来实现自身的目标的。① 民众给予所谓的"民族资产阶级"支持，以捍卫所谓的"民族资本主义"，这便是一个明证。这些约定迟早会增加对民众的压制。只有在民众开始从历史进程中涌现出来（即便是幼稚地），并对统治阶级产生威胁时，这些约定才会被作为问题提出来。民众从历史进程中涌现出来，不再只是作为旁观者，而是显示出进取的初步迹象，这足以使统治精英感到惴惴不安，使他们不得不强化操纵的策略。

在此历史阶段，操纵成了维护统治地位的一个基本手段。在民众涌现之前，并不存在操纵（准确地说），而是彻底的压制。当被压迫者几乎完全淹没于现实之中时，没有必要对他们进行操纵。在反对话行动理论中，操纵是统治者对历史进程中出现的新的具体条件所作出的反应。通过操纵，统治精英可以把民众引向一种不真实的"组织"形式，从而避免出现威胁性的局面，即已涌现出来和正在涌现的民众形成的真正组织。② 当民众进入历史进程之中时，他们只有两种可能性：要么为了解放而真正地组织起来，要么被统治者所操纵。显而易见，真正的组织是不会由统治者发起的；这就是革命领导者的任务。

然而，事实是，被压迫者中的大部分人形成了城市无产阶级，尤其在国内工业化程度较高的中心地带。虽然这些人有时难以驾驭，但他们缺乏革命意识，认为自己享有

---

① 只有当进行中的或待开展的行动的目标由人民决定时，约定才对人民有效（而且在这种情况下，它们不再是约定）。

② 在这种来源于操纵行为的"组织"中，民众——纯粹被操纵的对象——适从于操纵者的目标。在真正的组织中，个人在组织中是活跃的，而且该组织的目标不是由别人强加给他们的。在前一种情况中，组织是一种"群众化"（massification）的手段，而在后一种情况中，组织是一种解放的手段。（根据巴西的政治术语，"群众化"是把民众变成一个可以控制的、无思想的集体的过程。——英译者注）

特权。借助一系列的谎言和允诺,操纵通常可以在这里找到滋生的沃土。

要改变操纵,就必须建立具备批判意识的革命组织,把民众在历史进程中的地位、国家的现实情况及操纵本身等作为问题向民众提出来。用弗朗西斯科·韦弗特(Francisco Weffert)的话来说:

> 左派的所有政策都立足于民众,并取决于民众的意识。假如民众的意识模糊不清,左派就会丧失根基,出现某种衰败也就在所难免,虽然(就像巴西出现的情况)左派会被欺瞒而误认为,只要很快重新掌握权力就能完成革命。[①]

在操纵的情况下,左派总是被"很快重新掌握权力"所引诱,忘记了与被压迫者联合建立组织的必要性,甚至误入歧途,与统治阶级进行不可能存在的"对话",结果落得被统治精英所操纵,而且自己常常会陷入一种自称为"现实主义"的精英游戏之中。

操纵的目的是征服。如同征服一样,操纵试图麻痹民众,使他们失去独立思考能力。民众出现在历史进程中时,若能伴之以对此进程的批判性思考,民众的涌现所带来的威胁就会在革命中具体化。不管我们把这种正确的思维称为"革命意识"还是"阶级意识",它都是革命所不可缺少的前提条件。统治精英对这一事实非常清楚,所以他们会本能地利用包括人身迫害在内的各种手段来防止民众思考。统治精英敏锐地察觉到,对话能力会培养出批评能力。有些革命领导者把与民众之间进行的对话看作是"资产阶级与反动分子"的活动,而资产阶级却把被压迫者与革命领导者之间的对话看作是必须予以避免的实实在在的危险。

操纵的方法之一是向个体灌输资产阶级追求个人成功的欲望。这种操纵有时由统治精英直接实施,有时却间接地通过平民主义领导者来完成。正如韦弗特所指出的,这些领导者在寡头精英与民众之间起着中间人的作用。因此,平民主义作为一种政治行动方式的出现,碰巧与被压迫者的涌现相吻合。这一过程中涌现的平民主义领导者是一种政治意识含糊的人,即生活在两种人群中的"双面人",摇摆于民众与统治寡头之间,带有两个群体的印记。

由于平民主义领导者只是进行操纵,而不是为建立真正的大众组织而斗争,所以

[①] Francisco Weffert, "Politica de massas," *Politica e Revolução social no Brasil* (Rio de Janeiro, 1967), p. 187.

这种领导者对革命所起的作用即便有也非常有限。只有放弃自己模糊不清的特性与双重行动,坚决地选择与民众站在一起(因而不再是平民主义),他才能够抛弃操纵,矢志不渝地投身于组织的革命任务。这时,他就不再是民众与统治者之间的中间人,而成为了统治精英的对立面;因此,统治精英会立即纠集力量来打压他。热图利奥·瓦加斯(Getulio Vargas)①在担任元首的最后一段时期,在一次五一节庆祝大会上,以激动人心、毫不含糊的语言对工人说:

> 我要告诉大家,如果没有工人的支持和工人平时坚定的合作,我的政府即将
> 要实施的巨大重建工程就无法取得彻底胜利。②

然后,瓦加斯谈到了他就职头九十天的情况,说这"是针对政府行动的随处不在的困难和障碍的一次研判"。他直截了当地向人民谈论他是如何深切感受到"不幸者的无助、贫困、高生活成本、低工资……绝望,以及大多数人对过上更好日子的渴求"。

接着,他以更客观的语气向工人发出呼吁:

> 我想说,当前,政府还没有法律和具体的手段,以立即行动来保护人民的经
> 济。因此人民有必要**组织起来**——不仅是为了捍卫自己的利益,也是为了能
> 给予政府必要的支持,以实现政府的目标……我需要你们**团结**。我需要你们
> 齐心协力,**组织**成联盟。我需要你们建立一个**有凝聚力的强大联盟**来支持政
> 府,以便政府凝聚所有力量来解决问题。我需要你们**团结起来**,同**破坏**作斗
> 争,不成为**投机者和贪婪的恶棍损人利己的牺牲品**……工人发挥作用的时刻
> 到了;联合起来,结成自由和有组织的力量……现在,政府**如果离开了劳动组**
> **织的支持,就无法存续下去,也不会有足够的力量来实现社会目标。**③

总而言之,在这次演讲中,瓦加斯强烈呼吁人民组织并团结起来,保护自己的权利;他向人民讲述了他作为国家元首与他们一起治理国家时所碰到的障碍、阻力和形形色色的困难。从那时起,他的政府就遇到了越来越多的困难,直至 1954 年 8 月悲剧高潮的

---

① 热图利奥·瓦加斯(Getulio Vargas)领导革命并于 1930 年推翻了巴西总统华盛顿·路易斯(Washington Luis)。瓦加斯是一位独裁者,一直掌权到 1945 年。1950 年,他作为当选总统重新掌权。1954 年 8 月,当反对派即将推翻他之时,他自杀身亡。——英译者注
② 这场演讲是于 1950 年 5 月 1 日在瓦斯科·达·伽马体育馆发表的。见 *O Governo Trabalhista no Brasil* (Rio), pp. 322 - 324.
③ 同前引。强调为作者所加。

到来。如果瓦加斯没有在最后的任期内如此公开地鼓励人民组织起来,并随即采取了一系列捍卫民族利益的措施,也许反动精英就不会采取那种极端的措施了。

任何平民主义领导者,只要不是作为寡头政治集团的中间人去接近人民(即便是小心翼翼地),就会受到政治寡头们的压制——假如他们有足够的力量去阻止他的话。但只要领导者把自己的行动约束在家长式统治和社会福利活动之内,即使有时他与寡头政治集团之间存在分歧,触及寡头政治集团的利益,这种分歧也极少是深层次的分歧。这是因为作为操纵手段的福利计划最终还是为征服目的服务的。这些计划所起的作用就像是麻醉剂,分散了被压迫者对问题的真正原因及解决此类问题的具体方法的注意力。它们把被压迫者分化成不同的个人群体,而这些群体都希望能为自己谋取更多的利益。然而,这一状况也存在着积极的一面:那些曾得到过帮助的个体总还是想得到更多;而那些没有得到过帮助的,由于目睹了那些得到过帮助的个体,他们会心生嫉妒,也想得到帮助。由于统治精英无法"帮助"每个人,导致的结果是被压迫者越来越难驾驭。

革命领导者应该利用操纵所产生的种种矛盾,将操纵作为一个问题向被压迫者提出来,以达到把他们组织起来的目的。

文化侵犯

反对话行动理论还有最后一个基本特征:文化侵犯。如同分化策略和操纵一样,文化侵犯也服务于征服目的。在这种现象中,侵犯者对另一群体的文化背景进行渗透,无视后者的文化潜力。他们把自己的世界观强加于受侵犯者,通过压制他们的表达来扼杀受侵犯者的创造力。

不管文化侵犯是以文雅的还是粗鲁的方式进行,它都构成对被侵犯文化的民众的一种暴力行为。受侵犯的民众要么丧失自己的独创性,要么面临着丧失独创性的威胁。在文化侵犯中(反对话行动的所有形式都一样),侵犯者成了此进程的编造者和主角,而受侵犯者却成了客体。侵犯者塑造他人,受侵犯者为他人所塑造。侵犯者作出选择,受侵犯者遵从选择——或指望他们遵从选择。侵犯者作出行动,受侵犯者只能通过侵犯者的行动得到行动的幻觉。

一切统治都要进行侵犯——有时是对人身的公然侵犯,有时侵犯者巧加掩饰,装出一副乐善好施的朋友模样。总之,侵犯是经济和文化统治的一种形式。侵犯可以是宗主社会对从属社会实施的侵犯,也可以是隐藏于同一社会内一个阶级对另一阶级的统治之中。

文化征服导致了受侵犯者的文化非真实性(cultural inauthenticity);受侵犯者开始对侵犯者的价值观、标准及目标作出反应。侵犯者热衷于统治,按照自己的模式和生活方式来塑造他人。侵犯者希望知道受侵犯者是如何把握现实的——只有这样,他们才能更有效地统治受侵犯者。① 在文化侵犯中,非常重要的是,要使受侵犯者以侵犯者的眼光而不是以自己的眼光来看待现实,因为他们越是模仿侵犯者,侵犯者的统治地位就越稳固。

要成功实施文化侵犯,就必须使受侵犯者深信自己天生低人一等。因为任何事物都有对立面,所以如果受侵犯者认为自己低人一等,他们就一定会承认侵犯者高人一等。因此,侵犯者的价值观就成为受侵犯者遵循的典范。侵犯越深,受侵犯者与自己的文化精神被异化的程度就越高,受侵犯者就越要表现得像侵犯者:走路像他们,穿戴像他们,连谈吐也像他们。

受侵犯者的社会**我**(I),与任何的社会**我**一样,都是在社会结构内的社会文化关系中形成的,因此,反映了被侵犯文化的双重性。这一双重性(如前文所述)说明了为什么被侵犯、被统治的个体,在他们存在经历中的某个时刻,几乎都是"依附于"压迫者**你**(Thou)。被压迫**我**必须打破对压迫者**你**的依附,远离后者以便更客观地看待他,只有这样才能认清自己与压迫者是矛盾对立的。这样,他才能把他自己所处的被压迫结构"看作"是非人性化的现实。这种认知世界的质的变化,只有通过实践才能获得。

文化侵犯一方面是统治的手段(instrument),另一方面也是统治的**结果**(result)。因此,具有统治性质的文化行动(如同反对话行动的其他形式),不仅是处心积虑和有计划的,而且在另一种意义上只是压迫现实的产物。

例如,刻板而充满压迫的社会结构必定会影响此结构中抚养与教育孩子的制度。

---

① 为此,侵犯者越来越多地利用社会科学和技术,在某种程度上也运用自然科学,以提高和改善他们的行动。为了弄清受侵犯者将来可能出现的情况,并因而努力引导他们的将来朝有利于侵犯者自身的方向发展,侵犯者有必要了解受侵犯者的过去和现在。

这些制度效仿压迫结构的行动方式,并借此传播压迫结构的神话。家庭与学校(从托儿所到大学)并非存在于抽象之中,而是存在于特定的时空之中。在统治结构中,它们的作用在很大程度上是作为培养未来侵犯者的机构。

家庭中父母与孩子的关系通常能反映出周围社会结构的客观文化状况。如果渗入家庭的社会情境是独断的、刻板的、专制的,那么家庭也会不断助长压迫的氛围。①随着父母与孩子之间这种独断专横关系的强化,孩子们在幼年时代就会不断地把这种家长式的专横作风内化为自我意识的一部分。

在讨论迷恋死亡与热爱生命的问题时,弗罗姆(以惯常的清晰)分析了形成这两种情况的客观条件,不管是在家庭中(父母与孩子的关系处于冷漠与压迫的氛围中,或处于关爱、自由的氛围中),还是在社会文化背景中。孩子在一个不具关爱和充满压迫的氛围中长大,其潜能得不到挖掘,如果这样的孩子年轻时就不想办法走真正反抗的道路,那么,他们就会滑入彻底的冷漠之中,被权威当局及用以"塑造"他们的神话疏离了现实,甚或可能卷入各种各样的破坏行为。

家庭的这种氛围被延伸到学校。在学校里,学生们很快就会发觉,(像家里一样)为了获得某些满足,他们必须顺应由上头确定的规矩。其中有一条就是不去思考。

通过学校所强调的刻板关系结构,这些年轻人内化了家长式的权威,一旦成为专业人士,(由于这种关系所灌输的正是这种对自由的惧怕),他们往往就会重复让他们误入歧途的刻板模式。除了阶级立场外,这一现象也许还说明了为什么有这么多专业人士抱定反对话行动不放。②不管是什么专业促使他们与民众接触,他们几乎都毫不动摇地相信,他们的使命是把知识和技术"赐予"民众。他们把自己看作是民众的"促进者"。他们的行动计划(也许是由某个优秀的压迫行动理论家所规定的)包含自己的

---

① 年轻人逐渐认为,父母及教师的威权主义不利于自身的自由。正因为如此,他们越来越多地反对限制其表达以及妨碍其自我肯定的种种行动。这一积极的现象的产生并不是偶然的。这实际上是反映了一种历史风潮(我在第1章中有提及),意味着我们所处的这一时代是一个人类本位的时代。由于这个原因,我们不能(除非他个人有兴趣这样做)把年轻人的反叛只看作是代际之间的传统区别的例证。这里包含某种更深层的东西。处在反叛中的年轻人谴责充满统治的社会的不公正模式。不过,这种带有特别内涵的反叛是最近才出现的事情;社会仍然以威权主义为主要特征。

② 这也许也可以解释人们的反对话行为,虽然他们认为应该投身于革命,但仍怀疑人民,害怕与他们交融。这些人不自觉地在自己身上保留了压迫者;而且由于主子"隐居"在他们身上,所以他们惧怕自由。

目标、自己的信念和自己的想法。他们不倾听民众会说什么，而是打算要教他们如何"克服造成落后的惰性"。对这些专业人士而言，要考虑尊重民众的"世界观"，这是荒诞的。专业人员就是拥有"世界观"的人。他们同样认为，在组织教育行动的课程内容时必须征求民众意见的想法是可笑的。他们觉得，民众一无所知，只配接受专业人士的教导。

然而，在他们存在经历的某一时刻，受侵犯者开始以这样或那样的方式抗拒这种侵犯（他们早已适应这样的侵犯）。专业人士为了给自己的失败寻找理由，就说受侵犯者"低人一等"，因为他们"忘恩负义"、"不中用"、"病态"或者是"血统不纯"。

善意的专业人士（他们不把"侵犯"当作刻意为之的思想意识，而是作为自身教养的体现）最终发现，他们所遭遇的某些教育失败，不能归因于"头脑简单的平民百姓"（men of the people）天生低人一等，而必须归因于他们自身的暴力侵犯行为。发现这一点的人，面临着一个困难的选择：他们觉得有必要放弃侵犯，但是统治模式在他们身上根深蒂固，放弃侵犯就会对他们自己的身份构成威胁。要放弃侵犯，就意味着必须终止他们作为被统治者和统治者的双重身份。这意味着要废除所有助长了侵犯的神话，并开始进行对话行动。正因为如此，这就意味着，为了与人民**站在一起**（with）（作为同志），就不能**居高临下**（above），也不能**隐居其中**（inside）（作为外人）。对自由的惧怕左右了这些人。在这一痛苦的过程中，他们往往自然会借助各种各样的借口来使其惧怕合理化。

连自己都没有发觉自己的行动具有侵犯性的专业人士，以及被告知其行动构成对他人非人性化的专业人士，他们对自由的惧怕要更大。特别是在对具体情境解码时，参加培训课程的人常常会急切地问协调人员："你们究竟想把我们带向哪里？"协调人员并不是在把他们"带向"哪里，只是当参训人员在面对作为问题的具体情境时，他们就开始意识到，如果他们对这一情境的分析再深入一层，他们要么必须使自己摆脱这些神话，要么对这些神话进行再确认。想使自己摆脱、抛弃这些神话，在此时就意味着一种自我暴力（self-viollence）行为。另一方面，对这些神话进行再确认，就是暴露自己。唯一的解决办法（其作用是作为一种保护机制）就是把他们自己平时的做法投射到协调人员身上：**操控、征服及侵犯**。①

同样的逃避（retreat）也发生在平民百姓身上，尽管程度没那么深。他们被具体的压迫情境压得喘不过气来，且被施舍所驯化。在罗勃特·福克斯（Robert Fox）的协调下，"满圆（Full Circle）文化圈"②在纽约市开展了一项有价值的教育计划。该机构的一位教师叙述了以下这样一件事。教师向纽约贫民窟的一个群体展示了一个经过编码的情境，显示了某个街角的一堆垃圾——就在这群人碰头的那条街。其中的一位参加者马上就说："我看到的是一条非洲或拉丁美洲的街道。""为什么纽约就看不到这样的街道呢？"老师问。"因为我们是美国，这里是不会出现这样的情况的。"毫无疑问，此人及其他赞同他的看法的同伴都在回避一个让他们感到冒犯的现实，哪怕只是承认这个现实也充满危险。对被疏离的人来说，由于受到追求成就及个人成功的文化的制约，要承认自己的处境在客观上处于不利地位，这似乎就妨碍了自己取得成功的可能性。

在上述的例子中，以及在专业人士的例子中，文化的决定力量是显而易见的。这种文化力量制造了此后为人所内化的神话。在这两个例子中，统治阶级的文化阻碍了把人认定为是能作决定的存在。不管是专业人士，还是纽约贫民窟中参加讨论的人，他们都没有把自己看作是历史进程中的积极主体。他们都不是研究统治的理论家和思想家。相反，他们是统治造成的**结果**，进而又变成统治产生的**原因**。这是革命者获取权力后所要面对的最大难题之一。这一阶段要求革命领导者具有高超的政治智慧、决策力和勇气。正因为此，革命领导者必须拥有足够的判断力，以免陷入非理性的宗派立场。

任何专业背景的专业人员，无论是不是大学毕业生，都是由主导文化"上层所决定"③的个体。这种主导文化构成了他们的双重存在。（即使他们来自下层阶级，同样也接受了这种错误的教育，甚至可能更糟。）然而，这些专业人士对于重新组织新的社会是必要的。既然他们中的很多人——虽然"害怕自由"，并且不愿意投身到人性化的行动之中——事实上被引入歧途最深，所以他们不仅可以而且应该通过革命加以

① 见我的"Extensão ou Comunicação?"，*Introducción a la Acción Cultural*（Santiago，1968）.

② 关于该机构所开展的活动，见 Mary Cole，*Summer in the City*（New York，1968）.

③ 见 Louis Althusser，*Pour Marx*（Paris，1967），其中有一章内容专门论述"上层决定的辩证"。

改造。

这种改造需要革命领导者从原先具有对话特征的文化行动出发,发动"文化革命"。这时,革命力量的角色已远不止是对那些想否认人性的人构成必要的障碍,从而采取一种新的更大胆的姿态,明确地**欢迎**所有愿意参与社会重建的人。在此意义上,"文化革命"是对话文化行动的必然延续,而对话文化行动必须在革命取得政权前就开展起来。

"文化革命"把整个需要重建的社会,包括所有人类活动,都视为其重塑行动的对象。社会无法以一种机械的方式加以改造,通过革命在文化上重建的文化,是这一改造的基本手段。"文化革命"是革命力量为实现人的觉悟要尽的最大努力——它应触及每一个人,不管他们的个人道路如何不同。

因此,这种觉悟方面的努力不能只满足于对未来的专业人员进行技术或科学训练。新社会与旧社会①在本质上的区别远不是局部层面。革命社会不能像先前的社会那样赋予技术相同的目的。因此,在两个不同的社会中,对民众的培训也一定有所区别。只要革命社会中的科学技术服务于永久解放和人性化,科技培训就未必与人本主义教育相抵触。

从这一观点来看,对个体进行职业培训(因为所有的职业都是在具体的时空中发生的)都要求理解以下两点:一、文化是上层建筑,它可能在接受革命改造的下层建筑中仍保留过去的"残余"②;二、职业本身就是文化改造的一个手段。随着文化革命在新社会的创造性实践中不断使人的觉悟深化,人们开始意识到,为什么旧社会的残留神话能在新社会中得以幸存。唯其如此,他们才能使自己更快地从这些阴影中解脱出来。这些阴影会妨碍新社会的教化,所以总是会给每一场革命带来严重的问题。通过这些文化残余,压迫者社会继续进行侵犯——这次是对革命社会本身的侵犯。

这种侵犯尤为可怕,因为它不是由重新组织起来的统治精英,而是由参加过革命的人发起的。作为"隐居着"压迫者的人,他们会像压迫者自身一样,抗拒革命必须采

---

① 不过,这一过程不会如机械论者天真地料想的那样突然发生。

② Althusser,同前引。

取的进一步的基本步骤。作为双重存在，他们也接受（还是由于那些残余的缘故）已变得官僚化了的而且强烈地压制他们的政权。这种具有极大压制力的官僚政权，用阿图塞（Althusser）的话来解释，是新社会中的"旧因素的死灰复燃"①，只要特殊情况允许就会如此。

由于上述种种原因，我把革命进程理解为一个对话文化行动，一旦获得权力，这种文化行动在"文化革命"中得以延续。在这两个阶段中，都有必要为觉悟作出认真而深入的努力——人民借由觉悟，通过真正的实践，摆脱**客体**地位，从而确立起历史的**主体**地位。

最后，文化革命促进了领导者与人民之间永久性对话的开展，巩固了人民对权力的参与。这样，当领导者与人民一起继续投入关键性的活动时，革命就更易抵御官僚倾向（这些倾向会导致新的压迫形式），并防止"侵犯"（性质总是一样的）。不管在资产阶级社会，还是在革命社会，侵犯者可能是一位农业经济学家或社会学家，可能是一位经济学家或公共卫生工程师，可能是一位神父或牧师，也可能是一位教育人员、社会工作者——甚或是一名革命者。

为征服和维持压迫目的的服务的文化侵犯，总是对现实持有狭隘的看法，总是静态地感知世界，总是想把一种世界观凌驾于另一种之上。它意味着侵犯者的"高人一等"、受侵犯者的"矮人一截"；也意味着侵犯者把自己的价值观强加于受侵犯者。侵犯者占有受侵犯者，并担心失去受侵犯者。

文化侵犯还意味着受侵犯者行动的最终决定权不在他们自己手中，而在侵犯者手里。当决定权不为那些应该做决定的人所掌握而旁落他人手中时，他们只有决定的幻觉。这就是为什么在一个具有双重性的、"反射性的"（reflex）、受到侵犯的社会中不可能取得社会经济的发展。要实现发展，就必须满足以下两点：一、要开展一场探索与创造力的运动，运动的决定权掌握在探索者手中。二、这场运动不仅发生在具体的空间里，而且也发生在有意识的探索者的存在时间（existential time）里。

因此，尽管所有的发展都是改变，但并非所有的改变都是发展。种子在有利的条

---

① 就这一问题，阿图塞评论说："在辩证法没有特别强调的情况下，这种死灰复燃确实是难以置信的。"Althusser，同前引，第 116 页。

件下发芽、生长,但这种改变并不是发展。同样道理,动物的改变也不是发展。种子及动物的改变都是由其所属的物种决定的;它们的改变是在不属于它们的时间里发生的,因为时间是属于人类的。

在所有不完善的存在中,人是唯一发展的存在。作为历史的、与自己的生活紧密相连的"自为存在",他们的改造(发展)发生于自身的存在时间之内,从不会发生在这之外。在具体的压迫条件下,人变成了异化了的"为他存在",依附于虚假的"自为存在"。如果屈从于这种压迫境况,人就无法真正地发展。他们自身被剥夺了决定权,而压迫者掌握着这种权力,他们唯压迫者的规定是从。只有当被压迫者摆脱了束缚自己的矛盾,从而变成了"自为存在"之时,他们才能开始发展。

如果我们把社会看作是一种存在,很显然,只有当社会是"自为存在"时,它才能发展。那些具有双重性的、"反射性的"、受到侵犯的并依赖于宗主社会的社会是无法得到发展的,因为这样的社会已被异化。这些社会的政治、经济及文化决定权都不在自己手中,而是为侵犯者社会所掌握。总之,侵犯者社会决定了受侵犯者社会的命运:仅是改变而已;因为只有改变——**而不是发展**——才符合宗主社会的利益。

不要把现代化与发展混为一谈,这一点很重要。尽管现代化会影响到"附庸社会"的部分团体,但它几乎总是非自发的;从中获得真正利益的是宗主社会。一个社会如果只是现代化而没有发展,那它就将继续依赖外部的国家,即使它被授予某种最低限度的决定权。只要依赖的状态没得到改变,这就是所有依附社会的命运。

评价一个社会是否得到发展,就必须跳出基于"人均"收入指数(它以统计形式来表达,易引起误解)以及侧重国民收入研究的衡量标准。最基本的标准是看这个社会是不是"自为存在"。不然的话,其他的标准只能说明是现代化而不是发展。

双重性社会的最主要矛盾在于它们与宗主社会之间的依赖关系。一旦这一矛盾得以破除,通过"援助"方式(主要得益者是宗主社会)来实施的改造,就变成了真正的发展,有益于"自为存在"。

由于上述种种原因,这些社会所尝试的改良式的解决之策并不能解决其内外矛盾(即便某些改革可能会让精英群体中更反动的成员感到担心甚至恐慌)。宗主社会几乎总会唤起这些改良式的解决办法,以回应历史进程的需求,将其作为维护霸权的新方式。似乎宗主社会在说:"在人民发动革命之前,让我们先进行改革吧。"为了达到这一目的,宗主社会别无选择,只能对依附的社会进行征服、操纵和经济及文化上(有时甚至在军事上)的侵犯——在侵犯中,被统治社会的领导精英充其量只是充当宗主社会领导者的中间人。

在结束对反对话行动理论的初步分析之前,我想再次强调,革命领导者决不能采用与压迫者一样的反对话做法;相反,革命领导者必须遵循进行对话和交流的路线。

在开始分析对话行动理论之前,有必要简要讨论一下革命领导团体的构成及其对革命进程所产生的一些历史与社会影响。通常情况下,这一领导团体的组成人员在某种程度上原本属于统治者社会阶层。在存在经历的某一时刻,在特定的历史条件下,这些领导者脱离了自己原先的阶级,出于真正的团结一致(或希望如此),加入到被压迫阶级中来。不管这种支持是否是对现实科学分析的结果,但它意味着是(在真实的时候)一种爱的行为和真正的承诺。① 要投身到被压迫者中来,就要求贴近被压迫者并与他们进行交流。人民必须与涌现出来的领导者站在一起,领导者也必须走进人民之中。

涌现出来的领导者必须反思被压迫者传递给他们的关于统治精英的矛盾。不过,被压迫者也许还未能清楚地感知到自己的受压迫状态,还未能批判性地认识到他们与压迫者之间的对立关系。② 他们也许还处于前面所说的"依附"(adhesion)于压迫者的地位。另一方面,由于某些特定的客观历史条件,他们也有可能已经比较清楚地感知到压迫状况。

在第一种情况下,民众对压迫者的依附(或是部分依附)使他们无法——重复法农(Fanon)的观点——将压迫者置之**身外**。在第二种情况下,他们可以发现压迫者之所在,并因此可以批判性地认识到他们与压迫者之间的对立关系。

在第一种情况下,压迫者"隐居"在民众的身体内,由此产生的双重性使他们惧怕自由。受压迫者的诱使,他们求助于神奇的解释和错误的上帝观。他们把造成受压迫

---

① 格瓦拉对这个问题的看法已在前一章中引述过。杰曼·古斯曼(German Guzman)这样评价卡米洛·托雷斯(Camilo Torres):"……他付出了一切,他在任何时候都保持了一种对人民的极度忠诚——无论是作为牧师、基督徒还是作为革命志士。"译自 German Guzman, *Camilo-El Cura Guerrillero* (Bogatá,1967). p. 5.

② "阶级必要性"(class necessity)是一回事,"阶级意识"(class consciusness)是另一回事。

状况的责任转移到上帝身上，认为这是命中注定的。[1] 这些缺乏自我信任、遭受践踏、毫无希望的民众极不可能寻求自我解放——在他们看来，这是一种违背上帝意志、不当抗拒命运的反叛行为（因此，有必要一再强调把压迫者施加给民众的神话作为**问题**提出来）。在第二种情况下，民众对压迫有了较清晰的认识，使他们将压迫者置之身外，此时，他们就会奋起抗争，破除羁绊他们的矛盾。这时，他们消除了"阶级必要性"与"阶级意识"间的差距。

在第一种情况下，革命领导者不幸地、无意识地成了人民的对立面。在第二种情况下，涌现出来的领导者得到人民充满同情和几乎是即时的支持，而这种支持在革命行动进程中往往会不断增强。革命领导者以一种自发与人民对话的方式走进人民。在人民与革命领导者之间几乎马上就产生共鸣（empathy）：他们的相互承诺几乎立刻得到了确定。他们是一种合作伙伴关系，视自己为统治精英的同等对立面。从那时起，人民与领导者间业已建立的对话实践已几乎不可撼动。这种对话在取得政权后仍将继续进行，而且人民也会知道，**他们已掌握政权**。

这种分享绝不会削弱革命领导者的斗争精神、勇气、爱的能力及胆略。菲德尔·卡斯特罗和他的同志们（其中有许多当时被称为"不负责任的冒险者"）是一个能出色地进行对话的领导团体。他们与经受巴蒂斯塔（Batista）独裁政府残暴统治之苦的人民打成一片。这种拥护来之不易：领导者必须有胆魄去充分地热爱人民，甚至愿意为人民牺牲自己。这需要领导者勇敢地证明，在每次遭遇挫败之后，都会在人民对未来胜利的不灭希望的鼓舞下，选择重新开始。这样的胜利（因为是**与人民一起**开创出来的）不属于领导者自己，而是同属于领导者与人民——或是属于人民，但**包括**了领导者。

菲德尔逐渐使古巴人民割裂了对压迫者的依附。由于历史经验的缘故，古巴人民早已开始摆脱对压迫者的依附。这种与压迫者的"分道扬镳"使人民把压迫者对象化，并使人民视自己为压迫者的矛盾存在。结果是，菲德尔根本没有陷入与人民的矛盾之中。（格瓦拉在《革命战争的回忆》一书中所记录的零星的离弃或背叛都在预料之中，

---

[1] 一位德才兼备的智利牧师在 1966 年访问累西腓市时告诉我："当我与一位伯尔南布科（Pernambucan）的同事去看望居住在简陋小木屋里过着难以名状的穷苦日子的家庭时，我问他们何以能忍受这样的生活，答案始终是一样的：'我能做什么呢？这是上帝的旨意，我只好接受。'"

他在此书中也谈到了许多矢志不渝的追随者。）

因此，由于特定的历史条件，革命领导者靠近人民的运动要么是水平方向的——领导者与人民形成一个整体，与压迫者相对——要么呈三角形关系，革命的领导者居于三角形的顶端，既与压迫者相对立，也与被压迫者相矛盾。正如我们所知，当人民还未能获得对压迫现实的批判性认知时，领导者就不得不面对后一种情况。

然而，革命领导团体几乎永远不会觉察到它与人民构成了矛盾。实际上，觉察到这一点是痛苦的，因为由此带来的阻力可能会形成一种防护机制。毕竟，要使领导者承认自己与其所忠诚的人民相矛盾，这并不是一件容易的事情，因为他们之所以能涌现出来，就是与被压迫者坚定地站在一起的缘故。在分析革命领导者的某些行为方式时，要认识到这种无可奈何是重要的，他们并不情愿变成人民的对立面（虽然并不是敌手）。

为了进行革命，革命领导者无疑需要人民的拥护。当与人民存在矛盾的领导者寻求这种拥护，结果却发现他们之间存在着一定的距离与不信任时，他们往往会把这种反应看作是人民身上的固有缺陷。他们把某一特定历史时刻反映出来的人民的意识看作是他们先天不足的证据。要取得革命的胜利，领导者需要人民的拥护（但同时不相信不可信赖的人），所以他们容易采用与统治精英用于压迫的相同手段。为了证明他们对人民缺乏信心是有道理的，领导者会说，在夺取政权之前要与人民进行对话是不可能的，因此选择反对话行动理论。从那时起——就像统治精英一样——他们就试图征服人民：他们开始以救世主自居，采取操纵手段并进行文化侵犯。靠这些方法，即压迫的套路，他们就不可能实现革命；或者就算是实现了革命，那也不是真正的革命。

革命领导者的角色（在任何情况下，但特别是在已描述过的这些情况下）就是，即便是在行动中，也要认真地考虑造成人民不信任态度的原因，并找出与人民交融的真正途径，找到帮助人民自己批判性地认知压迫现实的方法。

被统治意识是双重性的、模糊不清的，充满着恐惧与不信任。[1] 格瓦拉在描述发

---

[1] 关于这一点，见埃里希·弗罗姆（Erich Fromm），"人文主义心理分析在马克思主义理论中的应用"，载于《社会主义人文主义》（纽约，1966）；又见鲁本·奥斯本（Reuben Osborn），《马克思主义与心理分析》，（伦敦，1965）。

生在玻利维亚的斗争的日记中曾几次谈到缺少农民的参与：

> 除了使我们感到有点头痛的消息收集工作外，并没有把农民动员起来。他们不但速度慢，效率也很低，起不到什么作用……虽然农民逐渐消除了对我们的惧怕，我们也在不断赢得他们的尊重，但是完全缺乏农民的融入。这是一项漫长而需要耐心的任务。[①]

农民的被统治意识把压迫者内化，这说明了他们的惧怕和无能为力。

被压迫者的行为和反应导致压迫者采取文化侵犯，但应该从革命者身上唤起一种截然不同的行动理论。真正使革命领导者与统治精英不同的，不仅是他们的目标，还有他们的程序。假如两者行动如出一辙，那么他们的目标就会是一样的。要统治精英把人与世界的关系作为问题向人民提出来，这是自相矛盾的，同样，革命领导者如果做不到这一点，那也会是自相矛盾的。

现在让我们来分析一下对话文化行动理论，并尝试去把握其构成要素。

合作

在反对话行动理论中，征服（作为其首要特征）需要一个主体，将别人征服，并将其转化成"物"。而在对话行动理论中，各个主体间相互合作，以改造世界。反对话的、据统治地位的**我**，把被统治的、被征服的**你**转变成纯粹的**它**。[②] 而对话的**我**懂得，恰恰是**你**（"非**我**"）唤起了他自身的存在。他也明白，唤起自身存在的**你**进而又构成**我**中有**你**的**我**。根据这些关系的辩证原理，**我**和**你**因此变成了两个**你**，而这两个**你**又变成了两个**我**。

对话行动理论并不存在一个靠征服来进行统治的主体和一个被统治的客体。相反，它们都是主体，一起来**命名**世界，改造世界。如果在某一历史时刻，由于前面所描述的原因，被压迫者未能作为主体来完成其使命，那么，将压迫者正在遭受的压迫作为问题提出来（这总是需要某种行动），也将有助于他们完成这一使命。

---

① Che Guevara, *The Secret Papers of a Revolutionary*：*The Diary of Che Guevara* (The Ramparts Edition, 1968), pp. 105 - 106, 120.

② 见 Martin Buber, *I and Thou* (New York, 1958).

　　上述情况并不是说,在对话任务中,就不需要革命领导者发挥作用。这只不过是说,革命领导者——尽管他们担负的是重要的、基本的和不可缺少的角色——并不能拥有人民,也没有权利盲目地把人民引向救赎。这种救赎纯粹是领导者对人民的恩赐——打破了他们双方之间的对话关系,并把人民从解放行动的合作者沦为这一行动的客体。

　　合作是对话行动的一个特征——对话行动只存在于主体之间(不过,各主体可能担负着不同层次的作用和责任)。合作只有通过交流才能实现。对话作为基本的交流,必须成为任何合作的基础。在对话行动理论中,没有为了革命事业而征服人民的余地,而只有赢得他们支持的理由。对话不存在强制,不存在操纵,不存在驯化,也不存在"用标语口号来说服人"。然而这并不是说,对话行动理论不知所终,也不是说对话的人对要得到什么、要达到什么样的目标没有清醒的认识。

　　革命领导者对被压迫者的承诺同时又是对自由的承诺。正是由于这种承诺,革命领导者不能妄图征服被压迫者,而必须赢得他们对解放的拥护。不得已而为之的拥护不是真正的拥护,而是被征服者对征服者的"依附"。征服者规定了被征服者的所有选择可能。真正的拥护是双方自由选择一致。离开了人民间以现实为中介的交流,真正的拥护就是一句空话。

　　因此,合作使对话主体把注意力集中到现实身上。现实是他们的中介,并作为问题对他们提出挑战。对这一挑战的回应,就是对话主体针对现实采取行动,以改造现实。让我再次强调,把现实作为问题提出来并不意味着用标语口号说服、影响人,而意味着对充满问题的现实进行批判性分析。

　　与统治精英采取神化现实的做法相反,对话理论需要揭示世界。然而,没有一个人能替另一个人揭示世界。虽然一个主体可以为了他人带头揭示世界,但他人也必须成为这一行动的主体。只有在真正的实践中,通过对世界及自身的揭示,才谈得上得到人民的拥护。

　　当人民觉察到革命领导者的奉献与真诚时,这种拥护便与人民开始对自己以及对革命领导者的信任不谋而合。人民对领导者的信任,反映了领导者对人民的信心。

　　然而,这种信心不应该是天真的。领导者必须相信人民的潜力。他们不能把人民视为自己行动的客体；他们必须相信，人民有能力参与到追求解放的事业中。但是，他们又必须要警惕被压迫人民的**双重性**(ambiguty)，要警惕"隐居"在被压迫人民身上的压迫者。因此，格瓦拉告诫革命者要随时提高警惕，①他不是在贬低对话行动理论的基本条件。他只是一位现实主义者而已。

虽然信任是对话的基础，但并不是对话的先决条件；信任来源于相遇。在相遇中，人们是谴责世界的共同主体，而谴责世界是改造世界的应有之义。但只要"隐居"在被压迫者身上的压迫者比他们自身更强大，他们对自由的自然恐惧就会使他们转而指责革命的领导者！领导者不能太轻信，而应该对这些可能性保持警觉。格瓦拉在《革命战争的回忆》一书中证实了这些危险：不仅背弃，而且甚至背叛革命事业。在此文献中，格瓦拉承认，为了维护本团体的凝聚力和纪律，有必要对背弃者进行惩戒。同时，他也觉察到能说明造成这种背弃的某些因素。其中之一，是背弃者的两重性，这可能是最重要的因素。

格瓦拉记述的这一文献的另一处令人印象深刻。该处谈到了他在马埃斯特腊山(Sierra Maestra)的一个农民社区中的经历(他不仅做过游击队员，也当过医生)。该处内容与我们对合作的讨论有关。他这样写道：

> 通过与这些人及其问题的日常接触，我们**坚信**有必要彻底改变我们人民的生活。进行土地改革的想法变得十分清晰。**与人民交融**，不再是纯粹的理论，而成为我们自身不可缺少的一部分。
>
> 游击队员与广大农民开始**融合为一个坚实的整体**。没有人能确切地说出，在这个漫长的过程中，什么时候这些想法变成了现实，什么时候我们**变成了农民的一部分**。就我个人而言，在山脉地区与我的病人的接触把一种**自发的、有些浪漫的决定**转变成一种**更平静的力量，一种有着截然不同价值观的力量**。而生活在山脉地区的那些遭受磨难的、忠实的贫苦人民，甚至想象

---

① 埃尔·帕托约(El Patojo)是一位危地马拉青年，就在他即将离开古巴返回自己的国家从事游击活动时，格瓦拉对他说："怀疑：一开始，别相信自己的影子，绝不要相信友好的农民、通风报信的人、向导甚至是联络人。在一个地区完全被解放之前，不要相信任何事情、任何人。" Che Guevra, *Episodes of the Revolutionary War* (New York, 1968), p. 102.

不出他们对革命思想的形成作出了多大的贡献。①

请注意,格瓦拉强调,与人民**交融**,对于把一种"自发的、有些浪漫的决定转变成一种更平静的力量,一种有着截然不同价值观的力量"起到了决定作用。这样,正是在与农民的对话中,格瓦拉的革命实践才变得具体明确。也许是出于谦逊,格瓦拉没有说,正是他自己的谦逊与爱的能力,才使他有可能与人民交融。这种无可争辩地具有对话性质的交融变成了合作。请注意,格瓦拉(他与菲德尔及其同志们一起走上马埃斯特腊山,并不是因为他是一个寻找冒险的失意青年)认识到,"**与人民交融**,不再是纯粹的理论,而成为了(他自身)不可缺少的一部分"。他强调农民是如何从交融的这一刻起便成了他的游击"革命思想"的"缔造者"。

格瓦拉用一种明白无误的风格来讲述他及同伴们的经历,用几乎是传道者般的语言描述他与忠实的贫困农民间的接触,即便是这种风格也展示了这位杰出人物非凡的爱及沟通的本领。这也正是他为另一位仁爱之士的工作热情作证的力量之所在。这位仁爱之士就是人称"游击队神父"的卡米洛·托雷斯(Camilo Torres)。

离开了产生真正合作的交融,古巴人民早已成为马埃斯特腊山区的人民革命活动的纯粹客体,而作为客体,就不可能拥护革命。他们充其量也只可能是"依附",然而这只是统治的组成部分,而不是革命的一部分。

在对话理论中,在任何阶段,革命行动都不能放弃与人民的**交融**(communion)。**交融**进而又带来**合作**(cooperation),促使领导者与人民像格瓦拉所描述的那样走向**融合**(fusion)。只有当革命行动为了获取解放而真正**体现人性**、富有同情心、充满爱、注重交流并且以谦恭的方式展开之时,这种融合才会出现。

革命热爱生命并创造生命;为了创造生命,革命可能不得不阻止某些人限制生命。除了自然界基本的生死循环外,还有一种非自然的**行尸走肉**(living death):被剥夺了完整性的生命。②

这里没有必要引用统计数字来证明有多少巴西人(以及拉丁美洲人)是"行尸走

---

① 同前引,pp. 56 - 57。强调为作者所加。

② 关于继"上帝之死",人防范自身死亡的当下思考,见 Mikel Dufrenne, *Pour L'Homme* (Paris, 1968).

肉"、人类的"影子"和绝望的男女老少。他们备受煎熬,成为永无休止的"看不见的战争"①的牺牲品。结核病、血吸虫病、幼儿痢疾……以及各种各样的贫困疾病(这些疾病,用压迫者的话来说,大部分是属于"热带疾病")吞噬着他们生命的残余。

可能是出于对这种极端状况的反应,切努(Chenu)神父作了如下评论:

在参加委员会的神职人员以及有见识的平信徒中,有许多人都担心,在面对世人的需求及苦难时,我们也许只会在情感上不以为然,用治标不治本的方式来缓解贫困及不公平的种种表现和症状,而不是去深入分析造成贫穷与不公的原因,去谴责造成这种不公和产生这种贫穷的政治制度。②

为解放而团结

在反对话行动理论中,统治者为了更易于维护其统治地位,不得不分化被压迫者;而在对话理论中,领导者必须不遗余力地实现被压迫者之间的团结——并且使领导者与被压迫者团结在一起——目的是为了实现解放。

问题在于,对话行动的这一范畴(如同其他范畴一样)不能脱离实践而产生。对统治精英而言,压迫实践是容易的(或者至少是不难的);而革命领导者要进行解放实践并非易事。统治精英可以靠使用权力手段;而革命领导者却不得不面对这种权力的滋扰。统治精英可以随时随地把自己组织起来,虽然会出现偶然的、短暂的分裂,但其根本利益一旦受到威胁,他们就会很快联合起来。而革命领导者离开了人民就无法存在,正是这一条件构成了其组织努力的第一个障碍。

要统治精英允许革命领导者把人民组织起来,这的确是自相矛盾的。统治精英的

---

① "许多人(农民)把自己或家庭成员当作奴隶出售,以逃避忍饥挨饿。有一份贝洛奥里藏特(Belo Horizonte)的报纸发现了多达 50 000 名受害者(售价共 1 500 000 美元)。为了证实这一点,一位记者用 30 美元买了一个男人和他的妻子。'我看到了许许多多的人挨饿',这个奴隶解释说:'这就是为什么我不在乎被贩卖的原因。'当一个奴隶贩子于 1959 年在圣保罗被抓获的时候,他承认与圣保罗的大牧场主、咖啡种植园主、建筑工程负责人等联系,以出售他的'商品'——而十几岁的女孩则被卖给妓院。"John Gerassi, *The Great Fear* (New York, 1963).

② M. -D. Chenu, *Temoignage Chrétien*, 1964 年 4 月,引自 André Moine, *Christianos y Marxistas después del Concilio* (Bueno Aires, 1965), p. 167.

内部团结巩固并组织其力量,但要求把人民分裂开来;而革命领导者的团结,唯有在人民相互团结起来并进而与他们团结在一起之时,才能存在。统治精英的团结来自于与人民的敌对(antagonism);而革命领导群体的团结来自于与广大(团结起来了的)人民的**交融**。具体的压迫境况——它使被压迫的**我**具有双重性,因而使被压迫者模棱两可,情感上不稳定,并且惧怕自由——通过阻碍解放所必需的团结行动来促进统治者的分化行径。

另外,统治本身**在客观**上就具有分裂的性质。统治总是把被压迫的**我**维持在“依附”于一个看似强大且无法抗拒的现实的位置上。然后,统治者利用神秘的力量对此权力进行解释,以此来达到疏离的目的。被压迫的**我**部分处于其所“依附”的现实之中,部分则被置于自身之外,处于造就这个无可奈何的现实的神秘力量之中。个体被分裂成相同的过去和现在,以及毫无希望的未来。他不把自己看作是一个**形成中的**人,因此不可能拥有一个有待与别人团结共筑的未来。但是当他打破这种“依附”,并能客观地看待他开始从中涌现出来的现实时,他就开始融合成一个面对着客体(即现实)的主体(即**我**)。这时,他打破了自我分裂的虚假统一,从而变成了一个真正的个体。

要分裂被压迫者,压迫的意识形态不可或缺。相比之下,要取得被压迫者的团结,就需要采取一种文化行动。通过这种文化行动,被压迫者才会明白他们**为什么并且是如何**依附于现实的——这需要去意识形态化(de-ideologizing)。因此,要把被压迫者团结起来,不能只凭空洞地“用标语口号说服人”。空喊口号,歪曲了主体与客观现实间的真实关系,从而也把完整的、不可分割的人格中的**认知、情感及行动**因素割裂了开来。

对话—自由论行动的目标不是要把被压迫者从一个神化的现实中“拽出来”,以便把他们“绑定”到另一现实中去。与之相反,对话行动的目标是使被压迫者感知到自己的依附存在,从而使他们选择去改造不公正的现实。

被压迫者的团结要求他们内部勠力同心,不论其真正的社会地位如何,所以这种团结一致毫无疑问就需要阶级意识。然而,拉美农民的特点是,他们被淹没在现实之中。这意味着,只有意识到自己是被压迫个体(或至少是伴随这一意识的产生),他们才可能感知到被压迫阶级的意识。①

对欧洲的农民来说，把他是人的事实作为问题向他提出来，会让他感到莫名其妙。但对拉美农民来说，情况就并非如此，因为他们的世界常常只围于领地范围之内，他们的举止在某种程度上模仿了动物和树木的动作，并且他们常常把自己等同于动物与树木。

被如此维系在自然和压迫者身上的人，必须要认清自己只是无可**存在**（being）的**人**（persons）。认清自我，首先就意味着要发现自己是**佩德罗**（Pedro）、**安东尼奥**（Antonio）和**约瑟法**（Josofa）。这一发现意味着对种种名称的意义有了不同的感知："世界"、"人"、"文化"、"树木"、"工作"、"动物"等字词重新确立其真正的意义。现在，农民视自己为能通过创造性劳动来改造现实（之前只是一个神秘的实际存在）的人。他们发现——作为人——他们不能再继续是被别人拥有的"东西"；并且他们可以从自己作为被压迫个体的意识进入到被压迫阶级的意识。

行动主义者的方法靠的是"空喊口号"，而不是去处理这些基本的问题。试图用这种方法来团结农民，结果只能使个体并存，让个体的行动呈现出机械的特征。团结被压迫者，只能发生在人的层面上，而不能发生在物的层面上。只有按照社会基础与上层建筑的辩证关系来真正理解现实时，被压迫者的团结才能出现。

为了使被压迫者团结起来，被压迫者必须首先切断把他们与压迫世界维系在一起的魔法与神话的脐带；使他们相互之间联结起来的团结，必须具有截然不同的性质。要取得这一不可缺少的团结，革命进程从一开始就必须是**文化行动**。用以团结被压迫者的方法，取决于压迫者在社会结构中所拥有的历史经验与现实经验。

农民生活在一个"封闭的"的现实中，只有单一的、坚实的压迫决策中心，而城市中的被压迫者却生活在一个日益扩大的世界中，其压迫指挥中心有多个并且很复杂。农民处在支配性人物的控制之下，而支配性人物只是压迫制度的化身；在城市地区，被压迫者受制于"压迫的非个人化"（oppressive impersonality）。在这两种情况下，压迫权

---

① 一个人要获得对作为被压迫者地位的批判意识，就需要承认他的现实是一个充满压迫的现实。正是这一原因，它需要"理解社会的本质"，在卢卡契看来，这是"反映整个主要秩序的力量的一个因素，所以这无疑也是单纯起决定作用的武器……"Georg Lucács, *Histoire et Conscience de Classe* (Paris, 1960), p. 93.

力在某种程度上是"看不见的"：在农村地区，由于它非常接近被压迫者，而在城市中却是由于它非常分散。

类似于此的不同情境下的各式文化行动，无论如何都只有一个相同的目标：要让被压迫者弄清楚使他们维系在压迫者身上的客观情境，不管这一客观情境是否看得见。只有既能克服纯演说般的、无效力的"废话"，又能摆脱机械行动主义的种种行动，才能对抗统治精英的分裂行径，并走向被压迫者的团结。

组织

在反对话行动理论中，操纵为征服与统治所不可或缺；而在对话行动理论中，把人民组织起来，则隐含了与操纵完全**相反**的情况。组织不仅与团结直接相联，而且是团结的自然发展。因此，领导者追求团结，也就必定要力图把人民组织起来，需要见证(witness)这样一个事实，即争取解放的斗争是一项共同的任务。这种持续的、谦逊的和勇敢的见证来自于合作争取人的解放的共同努力，因而避免了反对话控制的危险。见证的形式可以多种多样，取决于社会的历史条件；然而见证本身是革命行动不可或缺的要素。

为了确定见证的**内容和方式**，就必须要越来越批判性地认识当时的历史背景、人民的世界观、社会的主要矛盾及矛盾的主要方面等。由于见证的这些内容是历史的、对话式的，因而也是辩证的，因此，见证就不能在没先对自己的背景进行分析的情况下简单地从其他背景中引入这些内容。否则，就会把相对的东西绝对化甚至神化，这样，疏离人民就会在所难免。在对话行动理论中，见证是革命所具有的文化教育特质的主要表现之一。

见证的要素不会时过境迁，这些要素包括：语言与行动的**一致性**(consistency)；激励见证者把生存当作一种永久性冒险来面对的**胆魄**(boldness)；使见证者及接受见证的人不断采取行动的**激进化**(radicalization)(而不是宗派主义)；**爱的勇气**(courage to love)(它远不是顺应不公正的世界，而是为了人类的逐步解放而改造世界)；以及对人民的**信念**(faith)，因为见证是面向人民的——虽然由于人民与统治精英之间的辩证关系，面向人民的见证也会影响到统治精英(他们以惯常的方式对这种见证作出反应)。

大凡真实的(即批判性的)见证都要有敢冒风险的勇气,这种风险包括领导者可能不会马上总能赢得人民的拥护。在特定的时刻和特定的条件下,见证可能未取得成果,但不能因此而说日后也不会取得成果。因为见证不是抽象的姿态,而是具体的行动——勇敢地面对世界和人民——所以它不是静态的。它是一个动态元素,构成它所发生的社会背景的一部分;从那时起,它就不会停止对这一社会背景产生影响。①

在反对话行动中,操纵使民众麻木,并助长对民众的支配;在对话行动中,操纵被真正的组织取而代之。在反对话行动中,操纵为征服目的服务;而在对话行动中,充满勇气和充满爱的见证为组织目的服务。

对统治精英来说,组织就是把他们自己组织起来。对革命领导者来说,组织意味着把他们自己与广大人民组织**在一起**。在前一种情况中,统治精英不断地构造其权力,以便能更有效地支配别人,并使别人失去人格;而在后一种情况中,只有当组织本身构成了自由的实践时,组织行动才符合其性质和目标。因此,不能把组织过程中有必要执行的纪律与严格管理混为一谈。如果离开了领导、纪律、决心及目标——没有要完成的任务和可以给出的说明——组织就无从谈起,革命行动也会遭到削弱,这是千真万确的。然而这一事实绝不能使人有理由把人民当作东西来使唤。压迫早已使人民失去人格——如果革命领导者操纵他们,而不是朝着使他们觉悟的方向努力,那就等于否定了组织的真正目标(即解放)。

把人民组织起来是一个过程,在此过程中,同样不能说出自己字词②的革命领导者开始学习如何来**命名**世界。这是真正的学习经历,因而也是对话式的。因此,领导者不能自说自话;他们必须与广大人民**一起**说。领导者若不能以对话方式行动,而只坚持将自己的决定强加于人民,就不是在组织人民——是在操纵人民。他们既没有解放人民,自己也没有被解放:他们是在压迫。

_____

① 若作为过程来看,没有取得直接结果的真实见证不能被认定是绝对的失败。杀害"拔牙者"的人可以肢解他的身体,但抹不去他的见证。

② 古巴某大学医学院院长奥兰多·阿吉雷·奥尔蒂斯(Orlando Aguirre Ortiz)博士曾告诉我:"革命需要三个'P': palavra(字词)、povo(人民)与 pólvora(火药)。火药一炸响就使人民清楚地感知到他们所处的具体境况,并通过行动来追求自身的解放。"有趣的是,留意一下这位革命医生是如何强调**字词**(word)的。他所说的字词与我在本书中所用的字词含义相同:作为行动与反思,作为实践。

领导者在组织人民时没有权利武断地将自己的话语强加于人。这一事实并不是说他们因此必须采取一种自由主义的立场,从而在早已习惯了遭受压迫的民众身上助长放纵。对话行动理论既反对专制(authoritarianism),也反对放纵,但肯定权威(authority)和自由。没有权威,就没有自由,同样,没有自由,也就不可能有权威。一切自由都包含这样的可能性,即在特定的条件下(并且在不同的现实层面中),自由可以变成权威。自由和权威不能被割裂开来,必须在两者间的相互关系中加以考虑。①

真正的权威不是靠权力的**让渡**(transfer),而是通过**授权**(delegation)或者是在衷心的**拥护**之中得到确认的。如果权威只是由一个团体让渡给另一团体,或是强加于大多数人头上,权威就会蜕化成专制。只有在"自由生成权威"(freedom-become-authority)的情况下,权威才能避免与自由发生冲突。一方的过度生长会导致另一方的萎缩。正如没有自由就没有权威,反之也是如此;否定了自由,就会出现专制,而否定了权威,就会导致放纵。

在对话行动理论中,组织需要权威,但不能是专制;组织需要自由,但不能是放纵,更确切地说,组织是一个教育程度很高的过程。在这一过程中,领导者与人民一起体验真正的权威和自由,然后,通过改造作为他们中介的现实,他们一起寻求在社会中建立权威和自由。

文化综合

文化行动始终是一种有系统的且是蓄意的行动。它作用于社会结构,不管目的是维护这一结构,还是改造这一结构。作为一种有系统的且是蓄意的行动,一切文化行动都有其理论,决定着文化行动的目标,因而也界定了其方法。文化行动要么为统治服务(有意识地或无意识地),要么为人的解放服务。由于这两种辩证的相对立的文化行动是在社会结构中开展的并且作用于社会结构,所以它们确立了**永恒**(permance)与**变化**(change)之间的辩证关系。

---

① 如果客观情境具有压迫或放纵性质,那么两者间就是冲突关系。

社会结构为了**存在**(to be)就必须要**形成**(to become)。换言之,**形成**是社会结构表达"**绵延**"(duration)(在柏格森对这一用语的意义上)的方式。①

对话文化行动不以消除永恒与变化之间的辩证关系为目标(这是一个无法实现的目标,因为这种辩证关系的消失,是以社会结构本身,因而也是人的消失为前提);确切地说,它的目标是消除社会结构产生的敌对矛盾,从而获得人的解放。

另一方面,反对话文化行动的目标是神化这种矛盾,以期避免(或者说尽可能地阻止)对现实进行彻底的改造。反对话行动或明确或隐晦地要在社会结构中维持有利于自己的代言人的情境。反对话行动决不接受对此结构进行彻底的改造,以消除敌对的矛盾,但他们会接受某种程度的改革,只要这种改革不影响到他们对被压迫者的决定权。因此,这一行动模式就要求对民众进行**征服、分化、操纵和文化侵犯**。这从根本上必然是一个**诱导**(induced)行动,而对话行动的特征是要取代诱导的一面。反对话文化行动之所以无法取代其诱导特征,原因在于其目标:统治。而对话文化行动之所以能够做到这一点,原因也在于其目标:解放。

在文化侵犯中,行动者用自身的价值观与意识形态来构建其行动的主题内容。他们的出发点是自己的世界,由此他们进入被侵犯者的世界。在文化综合中,行动者不是作为侵犯者从"另一世界"来到人民的世界中。他们的到来不是为了**教导、传播**或**赐予**人民什么东西,而是为了与人民一起来认识人民的世界。

在文化侵犯中,行动者(他们甚至不需要亲临受侵犯的文化,他们的行动越来越多地是靠技术手段来完成)把自己强加于民众头上,而民众被施以旁观者和客体的角色。在文化综合中,行动者与人民融为一体。人民是行动的共同主体,一起作用于世界。

在文化侵犯中,旁观者与要维护的现实都是行动者行动的对象。在文化综合中,不存在旁观者;行动者的行动对象就是为了人类解放而要加以改造的现实。

文化综合因而是直面文化本身的一种行动模式,因为要直面的文化正是构成这种文化的结构的维护者。文化行动,作为历史行动,是取代被疏离了的并使人疏离的主导文化的一个手段。在此意义上,大凡真正的革命都是一场文化革命。

---

① 决定一个结构是不是**社会**结构(因此也是历史的文化的结构)的,既不是绝对的永恒,也不是绝对的变化,而是两者之间的辩证关系。总之,在社会结构中维持下来的,既不是永恒也不是变化,而是永恒与变化的辩证关系本身。

对第 3 章所描述的生成主题或有意义主题的探究，构成了文化综合行动过程的起点。实际上，不可能把这一过程分割成两个单独的步骤：先是**主题探究**，然后是**文化综合行动**。这样的截然二分意味着探究者对作为被动对象的人民的研究、分析及探究还只是处于初始阶段——一个符合反对话行动的程序。这样的二分会得出天真的结论，即作为综合的行动由作为侵犯的行动而来。

在对话理论中，不会出现这样的分割。主题探究的主体不仅包括专业分析人员，也包括其主题域正被探究的平民百姓。探究是文化综合的第一道程序，它确立了一个创造的氛围，而这种氛围在随后的各个行动阶段将会得到进一步发展。这样的氛围在文化侵犯中并不存在。通过疏离，文化侵犯扼杀了被侵犯民众的创造热情，使他们处于绝望状态，害怕去冒试验的风险，而没有试验，就没有真正的创造。

那些被侵犯的人，不管其层次如何，很少能超越侵犯者为他们规定的模式。在文化综合中，不存在侵犯者，所以就不存在强加于人的模式。相反，有许多行动者批判性地分析现实（他们从未把这种分析与行动分离开来），并且作为主体介入到历史进程之中。

领导者与人民相互认同，他们并不是遵循预先制订的计划，而是共同制定行动纲领。在这一综合中，领导者与人民在新认知和新行动中获得某种新生。对被疏离了的文化的认知，导致改造行动，从而产生一种从疏离中解脱出来的文化。领导者更高深复杂的知识在人民的经验知识中得到重新锻造，而人民的经验知识也会因为领导者更高深复杂的知识得到淬炼。

在文化综合中——也只有在文化综合中——才有可能解决领导者的世界观与人民的世界观之间的矛盾，从而达到丰富双方世界观的目的。文化综合并不否认两种世界观之间的差别，而事实上正是要立足于这其中的差别。**它的确**不允许一种世界观对另一种世界观的**侵犯**，但赞成维护两者间无可否认的相互**支持**。

革命领导者必须避免脱离人民群众而把自己组织起来；由于特定的历史条件，不管与人民可能偶然发生什么样的矛盾，这种矛盾都必须加以克服——不能通过体现强制关系的文化侵犯来使矛盾扩大化。文化综合是唯一的解决途径。

革命领导者如果不把像人民的世界观那样真实的东西考虑在内，他们就会犯很多错误，出现很多失算。人民的世界观或明或暗地包含着他们的担心、疑虑、希望、对领导者的看法、对自己及对压迫者的感知、宗教信仰(几乎总是融合不同的信仰)、宿命及抗争反应等。这些因素都不能被割裂开来单独看待,因为它们互相作用并构成一个整体。压迫者感兴趣的是把这一整体性看作是对其侵犯行动的辅助,以进行统治或维护统治。而对革命领导者来说,对这一整体性的认知是文化综合行动不可缺少的一环。

　　文化综合(正因为它是一种综合)并不意味着革命行动的目标就应受限于人民的世界观所反映出来的抱负。如果是这样的话(以尊重人民的世界观为借口),革命领导者就会被动地受制于这种愿景。不管是领导者侵犯了人民的世界观,还是领导者只是顺应了人民的(往往是天真的)抱负,这都无法令人接受。

　　具体地说:如果在某个特定的历史时刻,人民的基本抱负就只是要求提高薪酬而已,那么领导者就可能犯下两个错误中的一个。他们可能将自己的行动限制在满足这一需求上①,或者是推翻这一大众化的抱负,代之以某个更具深远影响力的目标——但这还未成为人民关注的前沿。在第一种情况下,革命领导者采取的是一种顺应人民需求的策略,在第二种情况下,由于忽视了人民的抱负,他们就构成了文化侵犯。

　　解决的办法是综合:领导者一方面必须认同人民要增加工资的要求,另一方面他们也必须把这种要求的意义作为问题向人民提出来。只有做到了这一点,领导者才能把这一个真实的、具体的历史情境作为问题向人民提出来,而增加工资的要求仅仅是其中的一个方面。人们因此就会明白,单单要求增加工资并不是最终的解决办法。这种解决办法的实质可见诸前文所引的第三世界主教的说法:"如果劳动者未能在某种程度上成为自己劳动力的主人,一切结构性的改革都将是徒劳的……他们(必须)成为自己劳动力的主人,而不是出卖劳动力的人……(因为)买卖劳动力都是一种奴役。"

　　劳动者必须成为"自己劳动力的主人",劳动力"是人的一部分","人既不能被出售,也不能出卖自己"等,要取得对这些事实的批判性意识,就必须不能被一些治标不治本的解决办法所迷惑,就必须对现实进行真正的改造,以通过使现实人性化来达到使人人性化的目的。

---

① 列宁猛烈地抨击了俄国社会民主党强调无产阶级的经济需求是革命斗争工具的倾向,他把这一做法说成是"经济自发行为"(economic spontaneity)。见"What is to be Done?", *On Politics and Revolutions*, *Selected Writings* (New York, 1968).

在反对话行动理论中,文化侵犯为操纵目的服务,操纵进而又为征服目的服务,而征服又为统治目的服务。文化综合为组织目的服务,而组织又为解放目的服务。

本书探讨的是一个显而易见的真理:压迫者为了压迫需要一套压迫行动的理论;同样,被压迫者为了获得自由,也需要一套行动的理论。

压迫者以民众为敌,因而脱离民众去精心构建其行动理论。只要民众被压榨和被压迫,并把压迫者的形象内化,他们就无法凭一己之力来构建其解放行动理论。只有在广大人民与革命领导者的相遇之中——在他们的交融中,在他们的实践中——这一理论才能得以构建。

"斗争在继续"：《被压迫者教育学》后序

美国纽约市立大学斯坦顿岛学院　艾拉·肖尔(Ira Shor)

现在,我不再是"芸芸众生"(massess)中的一分子,我是"人"(people),可以申张自己的权利。

1963 年,安日库斯(Angicos)弗莱雷扫盲讨论班学员弗兰西斯卡·安德雷德(Francisa Andrade)(Kirkendall,40)

1963 年 4 月 2 日,安日库斯扫盲讨论班最后一次召集会议,出席的人不仅有保罗·弗莱雷,还有自由派的巴西共和国总统若昂·古拉特(Joao Goulart)。弗莱雷告诉总统,"现如今,这个国家的人民不仅当家作主,正在站起来,而且已开始意识到自己的命运,并不可逆转地投身于巴西的历史进程"。(Kirkendall,40)出席那场典礼的另一位显要人物是卡斯特洛·布兰科(Castelo Branco)。差不多就在一年后的这一天,他推翻了古拉特,使民主出现倒退。他封杀了保罗的全国性计划,并把保罗投入监狱。

这之后的很多年,巴西的希望之光泯灭了。也许我可以说,这部著作诞生于黑暗之中,或者说,向(against)黑暗而生,或更贴切地说,为希望和反抗压迫而生。作为巴西进步民主运动的一部分,弗莱雷的方法仅通过 40 小时低成本的教学,就可以让文盲学会读和写。具备了基本的读写能力之后,贫穷的农民和工人最终有资格在由上而下强加的长期沉默之后投票了,从而自下而上大大地扩展了选民的范围。如果成千上万基于弗莱雷理论的"文化圈"得以按计划在可怕的 1964 年春天之后设立,那么数百万工人阶级文盲就有足够的读写能力登记成为新选民，从而让多数人获得政治权力。为了阻止这种民主的可能性，寡头集团及其军队推翻了任命弗莱雷为国家层面要职的民选古拉特政府。在遭到质问并经受关押之后，弗莱雷不得不离开这个国家。他随后带着妻子埃尔莎和五个孩子浪迹世界，直到1980年。他的著作在巴西被禁，而他本人在政治生命的全盛时期被驱离祖国。随着将军们把保守派精英扶上可以肆意妄为的权力宝座，其他还没来得及逃走的人被关进监狱、被拷打或被追捕。在接下来的岁月里，保罗善用生存之道，除了为政府部门、非政府组织和地方项目提供咨询外，他还在欧洲和北美为广大观众演讲，成为那个时代最著名的教育家和社会正义的最杰出倡导者。他趁政变带来的创伤还没愈合，写就了《被压迫者教育学》：“提问式教育预示着革命的未来性。……凡有人要阻止其他人投身于探究过程，这样的情形都是暴力情形。”(65，66)

一本著作被如此广泛地争论、引用、节选，还被用之于教师教育、研究生和本科课程以及一些中学（正如2012年图森地区对该书的禁止所示①），真可谓凤毛麟角。五十年后，我们该如何解释《被压迫者教育学》的非凡魅力之所在呢？

弗莱雷在四个简要的章节里把一系列值得关注的问题整合在一起：

1. 提出了一套以社会正义之名质疑现状的批判教育理论与实践。

2. 这套理论和实践涉及“情境化教育”(situated pedagogy)，可在不同地方供不同利益攸关方在不同条件下灵活使用。

3. 这种情境化教育提供了丰富的实践语汇：对话式教学法，“提问式探究”而非“储蓄式教育”记忆，“未经检验的可行性”，“限制情境与限制行为”，“文化圈”，“教师学生与学生教师”，“词汇域”，“生成主题和生成词”，“编码与解码”，觉悟或形成批判意识，“链接主题”与“人类学文化观”，实践或行动/反思——实践上升为理论与理论付诸实践之间的循环，等等。

4. 这套批判理论与实践的语汇是弗莱雷通过长期实验得来的，他在巴西军事政之变前在正规学校教育体系之外进行了15年的成人扫盲教育。后来，这套语汇又被用之于从幼儿园到12年级和高等教育等各阶段的教育。

---

① 因《被压迫者教育学》的激进思想和用语，美国亚利桑那州图森公立学校系统曾禁止该书进入课堂。参见“50周年纪念版序言”，p30。——汉译者注

5. 本书适合于各种场合的批判实践,与多元文化、反种族主义、女权主义教育和运动交叉重合,它们都出现在那一时代,且其导向相似,都指向平等、民主和社会正义。

6. 本著作的社会正义导向刚好出现在渴求激进变革的群众运动变成一个全球现象之时,按照米歇尔·福柯(Michel Faucault)的表述,这一阶段以"事物、制度、实践以及话语层出不穷的巨大可批判性(criticizability)"而为世人熟知,以学生为中心的方法和建构主义方法在教育界方兴未艾。

7. 弗莱雷的理论与实践以学生为中心,具有建构主义特点,并且批判不平等,他的理论与实践主张一切教育即政治的观点。教育不可能是中立的,因为所有教育培养的是人类主体并以这样或那样的方式产生意识,这取决于内容的意识形态、话语的社会关系和课程的学习过程。教育或课程如果不积极并策略性地质疑现状,那它就是在为现状背书。

8. 这一学习过程提供了具有吸引力的道德价值,而这种道德价值植根于师生互动性的伦理和教师职业责任,旨在通过教育建立一个不那么暴力和残酷的世界。弗莱雷对人性化和非人性化问题十分执着,他的这一关切从第一页起就跃然纸上。

9. 最后,"第4章"是为未来革命领导者发出的一封出色的书信,而不仅仅是给批判教育工作者的忠告。这一章可以作为对反对派领导者的鉴戒,因为他们尽管公开痛斥统治,但往往滑向权威主义独白、劝诫、抽象化、官僚统治和宣传的泥潭(这些在基于弗莱雷理论的课堂里都不是被允许的)。

以上这几点有助于说明这部篇幅不长的著作的长久生命力和影响力之所在。这部著作的写作不是作为学术论文,而是源自弗莱雷对自身实践和经历的反思。"单单靠思想和研究产生不了《被压迫者教育学》",弗莱雷在"作者自序"中写道。他说,这本著作"植根于具体的情景,描述了(农村或城市的)劳动者和中产阶级人民的种种反应。我在教育工作过程中对他们进行了直接或间接的观察"。(第44页)

保罗认为学校里或社会运动中的批判教育在智力上要求高,且在政治上要担风险。具备自身内部教育计划的运动,面对的是保罗称之为"现在掌权的权力"的强大当权者。在中小学和大学院校,教师与学生每天都在塑造自我,但受制于在很大程度上为外部和上面所左右的条件("限制情境",针对这一境况的批判教育就是"限制行为")。保罗特别指向可能出现在群众运动("仍未掌权的权力")之中的批判学习。

1989 年工人党获得对圣保罗市政府的控制后,他被任命为负责圣保罗 643 所学校工作的教育部长。对于保罗来说,在他的生活和工作的整个过程中,这部著名的著作的基本问题一直存在:我们生活的世界是一个怎样的世界? 这个世界为什么是这样? 我们需要的是一个怎样的世界? 我们该如何从这里到达那里?

2017 年 4 月于美国纽约

参考书目

Foucault,Michel,"*Society Must Be Defended*". Picador:New York. Translated by David Macey, 2003.

Freire,Paulo,*Pedagogy of the Oppressed*. Continuum:New York. Translated by Myra Bergman Ramos. Rev. 20th Anniversary Edition,1993.

Kirkendall,Andrew J.,*Paulo Freire and the Cold War Politics of Literacy*. UNC Press:Chapel Hill, 2010.

当代学者访谈录

玛丽娜·阿帕里西奥·巴布兰(Marina Aparicio Barberán)

西班牙保罗·弗莱雷研究院

请介绍一下你的背景和当前的专业领域。

我是一名政治学学者(本科学位来自庞培法布拉大学),我专修公共与社会政策分析和评价(获得两个硕士学位:一个来自庞培法布拉大学与约翰·霍普金斯大学的合作项目,另一个来自瓦伦西亚大学与瓜纳瓦托虚拟大学的合作项目)。我的研究领域是政策分析、政治与选举行为以及政治与议会精英分析。

你最初是如何读到弗莱雷的《被压迫者教育学》的?

我初次阅读《被压迫者教育学》是在 2006 年。我当时是资源与继续教育中心(CREC,瓦伦西亚议会)的参与者和合作成员,中心主任是佩普·阿帕里西奥·瓜达斯(Pep Aparicio Guadas)(1999—2013)。我在该中心主要承担出版任务,负责与我的教育和专业领域有关的组织工作与教育工作。同时,除了参与社会运动范畴里的各种活动外,我还继续从事政治科学研究。

此前,我读过弗莱雷的其他一些著作,但我认为重要的是注意到这本著作是如何吸引我的……弗莱雷对我们淹没其中的不同现实所作的分析、阐述时所使用的语言和方式,其具体化、观点、洞察力、连贯性等等。……我们可以说,类似于《被压迫者教育学》、《问题教育学》或《希望教育学》这样的著作,对形成关于阅读世界以及书写世界、书写语言的观点或动力至关重要，也是把这一观点付诸行动的关键。

你认为弗莱雷会如何看待他的理论在今天的运用？

依我看，弗莱雷会喜忧参半。一方面，看到他的"乌托邦"、实践和理论，他的生活和行事方式，已在这个世界和社会上，在参与主体性和（或）意识发展过程的男男女女身上迅速得到发展，他定会喜出望外。

另一方面，看到他的许多观念在实际本地化运用中——在大学、政府和社会运动中——被误用，弗莱雷会感到某种忧伤。他在《被压迫者教育学》中所作的分析和提出的论点，有那么多方面在现如今仍有用武之地，他对此会心存困惑。

你认为基于弗莱雷理论的大学今天应是什么模样？

基于弗莱雷理论的大学应该把理论干预与实践干预的方法论行动置于其核心，因为这会把我们引向觉醒了的实践，并在大学营造一种参与与合作的文化，也就是说，我们所生活的大学，应该通过同伴间的对话和持续质疑，让觉察过程引向解放过程的建构。这样，我们就可以彻底理解我们所有人都已内化于心的动力机制、行动和程序，以便我们向着民主、灵活、开放和共同的社会迈进。在这样的社会中，我们可以消除作为"主体"参与其中的宗派主义，从而变成有思想的男人、女人和孩子（而不是受压迫的对象）。

如果学生只能从阅读《被压迫者教育学》过程中学到一样东西，你希望这样东西会是什么？

我无法仅限于只挑选一样东西。我会选择对话方法和解放方法，对政治、伦理和教育的问题构思（problem-conception）。我会选择对特定现实的批判性分析。但最重要的是，我会选择这一主张：阅读世界（read the world）先于阅读文字（read the word），世界与文字两者都处在不断改造之中，我们在这些行动中始终扮演主角。

诺姆·乔姆斯基(Noam Chomsky)

美国麻省理工学院

请介绍一下你的背景和当前的专业领域。

　　语言学、认知科学、哲学。

你认为弗莱雷会如何看待他的理论在今天的运用？

　　总的来说，我认为他会对当前的应试教学信条感到震惊。

你认为基于弗莱雷理论的大学今天应是什么模样？

　　教学应该摒弃那种往容器里灌水（启蒙运动用的一个说法，弗莱雷称之为"储蓄模式"）的教育理念，而应该是在一个师生合作的环境中让学生参与，主动寻求理解。在很大程度上，科学教育差不多就这样，有时在别处也大致如此。

如果学生只能从阅读《被压迫者教育学》过程中学到一样东西，你希望这样东西会是什么？

　　学生应该意识到，教育是一个自我发现的过程，一个用开放、独立的思想，通过与他人的合作，培养自己能力、追求兴趣和关心所在的过程。

古斯塔夫·E·菲舍曼(Gustavo E. Fischman)

美国亚利桑那州立大学

请介绍一下你的背景和当前的专业领域。

我是一名教育政策教授,也是负责教育交流计划的主任。该计划是亚利桑那州立大学玛丽·楼·富尔顿师范学院的知识流动倡议。20世纪80年代,我作为一名大众教育工作者开始在阿根廷从事教育工作,但之前在教育和研究方面没接受过正规的训练。那一时期的大众教育与弗莱雷的教育理想密切相关,以非权力主义但有指导性的教育方法为工作导向,目标是社会解放。

你最初是如何读到弗莱雷的《被压迫者教育学》的?

第一次听到《被压迫者教育学》,并不是要我去读这本书,而是命令我不准碰它。1977年,我16岁,当时我在布宜诺斯艾利斯一所职业学校读工业化学。我对政治没有特别的兴趣,但跟这个国家的其他每个人一样,我十分清楚,我们生活在残暴的独裁统治之下。我所在的中学的校长张贴告示——遵循教育部的指导方针——宣布只要拥有"不道德且危险阅读书目"上的任何一本书,都是"恐怖主义同情心"的明证,都将构成被学校除名的充分理由。忆及当时我有多困惑,我依然愤恨不已。我记得,我很好奇,一本教育方面的书竟然也被列进这份长长的"危险"书单。

七年之后,在1984年的9月,我成了一个大众教育团体的成员,自愿参加布宜诺斯艾利斯一个棚户区的成人扫盲项目。当时,我的伙伴告诉我,国际成人教育理事会(ICAE)正在招募参与筹备 1985 年年会的志愿者。年会的主旨演讲者是保罗·弗莱雷,这是他的书在阿根廷遭禁后,他第一次回到这个国家。我即自告奋勇,成了会议筹备小组的一员。我拿到了《被压迫者教育学》的二手影印本,并开始自学一切与弗莱雷相关的材料。

你认为基于弗莱雷理论的大学今天应是什么模样?

遵循弗莱雷"简单但不天真"这一名言,基于弗莱雷理论的大学应具备三个关键的界定特征。首先,其架构应该有利于实施以自由、公正、包容和团结等为原则的解放教育。解放教育将开启充满好奇、严谨细致和可资利用的教学、服务和研究议程。其次,学生、教师和行政人员应该与社会一样是多元化的。这里有两种不同但相互关联意义上的多元:服务多样化的部门和社会的所有社团,以及观点与取向的多样性。再次,基于弗莱雷理论大学的组织形式应该像是一个民主参与治理的试验场。

你可以描述弗莱雷的著作是如何并在多大程度上影响了教育学吗?

我认为弗莱雷的著作产生的最大影响是,它已证明,民主式教育的经历哪怕再短暂——无论是在单个的教室里,在学校内外,还是与孩子或成人一起——它都是值得追求的。这些经历教会我们,不仅要对自己作为教育工作者和学生有更多的期待,而且也要把个体与社会行动同平等与团结这样的目标联系起来。

拉蒙·弗莱查(Ramón Flecha)

西班牙巴塞罗那大学

请介绍一下你的背景和当前的专业领域。

我致力于科学研究,寻求智力卓越和人类卓越,聚焦于对不同社会领域(种族群体和少数民族群体)处理不平等问题的行动的识别;性别问题,特别是男性研究领域;教育;以及经济,特别是侧重于成功消除收入不平等问题的组织机构。换言之,我对不平等本身的分析一直不感兴趣,因为我认为这样的分析只会有利于造成不平等的人。相反,我感兴趣的是对积极消除不平等的人类行动的分析,这也正是弗莱雷很看重的一点。

你认为弗莱雷会如何看待他的理论在今天的运用?

我不知道弗莱雷会怎么想,但我可以这样说,弗莱雷有很敏锐的直觉,而且始终领先于他所处的时代。1969 年,凭借《被压迫者教育学》,他已形成了一套对话行动的理论。直到 1981 年,该理论才因为哈贝马斯(Habermas)的交际行动理论进入社会科学领域。弗莱雷所界定的对话行动或对话理论是当今社会科学的潮流,无论是在经济、社会学、人类学领域,还是在政治科学领域。我认为弗莱雷会满意地看到,今天的社会科学很符合他在 20 世纪 60 年代所预见的对话理论。

你可以描述弗莱雷的著作是如何并在多大程度上影响了研究吗?

我认为弗莱雷的著作对研究产生的影响是极为积极的。对话理论帮助提醒我们，有必要与作为研究对象的人展开对话。实际发生的情况是，这一对话的意义，即弗莱雷眼中的对话，常常未得到充分的理解。研究工作应该与特定研究的最终用户形成真正的对话关系。尽管研究对象也许是一天 8 小时从事家庭清洁工作的人，但研究人员是拿了薪酬来阅读和研究科学知识的。不幸的是，某些人只理解了"去与研究对象对话"的部分，以为就万事大吉了，不会像弗莱雷那样埋头工作，也不会去阅读适用的社会科学文献，以便可以在与最终用户的对话中运用那些知识。

你可以描述弗莱雷的著作是如何并在多大程度上影响了教育学吗？

坦率地说，弗莱雷的著作在全球范围内产生了深刻的影响。弗莱雷也许是教育领域最有影响力的学者。问题是这种影响并不总能传导到教育实践之中。例如，在大学，许多人自诩是弗莱雷的追随者，但他们并没有在帮助改造学校的实际情况，也没有推动教育实践遵从弗莱雷提出的指导原则。

如果学生只能从阅读《被压迫者教育学》过程中学到一样东西，你希望这样东西会是什么？

我特别希望学生会把已为多数教育系统遗忘的东西作为优先事项，也就是所有孩子的教育权。在很多情况下，决策所依据的理由与改进所有孩子的教育成果相去甚远。至关重要的是，研究教育问题的学者拥抱这一伦理和人性承诺；这才是他们真正的职业使命。

罗纳德·大卫·格拉斯(Ronald David Glass)

美国加利福尼亚大学圣克鲁兹分校

请介绍一下你的背景和当前的专业领域。

我是激进教育哲学学者,从事的工作源自争取正义的斗争。我现担任加州大学平等加利福尼亚合作研究中心的主任,我们与受到侵害的社区合作,解决经济、就业、教育、住房、食品系统、公共卫生和环境中的问题。我还牵头负责一个调查社会科学研究中伦理问题的项目。

你认为弗莱雷会如何看待他的理论在今天的运用?

1984 年,我与保罗·弗莱雷有过深度的合作,那是我天大的福分和荣幸。当时,我们一起生活了一个月,并在成人教育发展项目(Adult Education Development Project)的社会正义运动建设(movement-building)活动中进行合作。我们深入探讨了他的理论是如何在不同国家的不同部门被接受的。他同意我的看法,出现在美国学校并声称把弗莱雷理论作为其依据的"批判教育",实际上在很大程度上是对他激进思想根基的本地化,即便它建立了更人性化的学校教育形式。教育作为自由的实践,必然与改造世界、改造自我内心世界的实际努力和斗争息息相关(因为世界上的压迫不仅存在于日常生活的结构与过程中,也存在于我们身上)。但无论是从理论还是从实践的角度看,弗莱雷都不是纯粹主义者。他力所能及地利用任何可以开辟的开放空间,因此他会乐见世界各地的人在各自独特的环境中以自己的方式运用其理论,以把争取正义的斗争推向前进。

你认为基于弗莱雷理论的大学今天应是什么模样?

基于弗莱雷理论的大学的组织运行应解决紧迫的社会、经济和政治不平等。其研究议程的方向应着眼于满足受侵害最严重的社区的需要。它应该承认知识主张与知识生产的伦理和政治属性。它应该尊重各种各样的认知方式。它应该承认,学者及其学科和大学本身就受到压迫和剥削的历史和意识形态的影响。它考虑更多的应该是激发好奇心、培养训练有素的批判性探究的习惯和为正义斗争的终身承诺,而不是对专家的资格认定。

你可以描述弗莱雷的著作是如何并在多大程度上影响了教育学吗?

我认为,在美国,弗莱雷的著作对学校教育影响有限。我以为他的理论主要被用作伦理或政治标签,表明教师愿意尊重学生的背景经历。通常的做法是,结合(往往有点肤浅地)《被压迫者教育学》第 2 章的内容,以及书中有关储蓄式教育与对话式或提问式教育之间的著名对照。这种本地化的批判教育当然更具人性,为学生的发声和利益提供了更多空间,并为公立学校教育的主流话语和实践提供了对立的观点(counterposition)。不过,这是对该理论很有限的体现。事实情况是,有些教师,如参与社会正义教师组织(Teachers for Social Justice)的人,更有力地把该理论具体化,并在寻找如何把课堂学习与寻求实施社区变革的更大范围的运动联系起来。弗莱雷的理论在教育意义上被运用到运动建设之中,在此方面,该理论的表现形式要强有力得多,在拉美尤其如此。

瓦莱丽·金洛克(Valerie Kinloch)

美国匹兹堡大学

请介绍一下你的背景和当前的专业领域。

　　我是匹兹堡大学教育学院勒妮和理查德·古德曼院长,我与同事就重要的地方性、全国性和全球性教育倡议进行合作。在被提名为院长之前,我是从事扫盲研究的教授,担任俄亥俄州立大学一个学院的副院长。我曾在该大学推动教育多样性和包容性、国际教育伙伴关系、学校与社区参与等方面的倡议。我的研究侧重对校园内外年轻人和成年人的识字和社区参与情况进行考察。我出版的著作和发表的论文涉及种族、地方、扫盲和多样性,我目前从事相关的研究并投入参与计划。

你最初是如何读到弗莱雷的《被压迫者教育学》的?

　　当我还是约翰逊·C·史密斯大学英语专业的一名本科生时就"发现"了弗莱雷的《被压迫者教育学》。我记得,我与朋友和几位教授在黑人文学、黑人生活、压迫以及语言权力和识字等方面总有聊不完的话。我深受触动,决定继续我对黑人作家与学者写的各种文字的阅读之旅。在其中的一篇文章里,"阅读文字和阅读世界"的观点出现在我面前,而当我寻找该短语的意义时,保罗·弗莱雷的名字和著作呈现在了我面前。于是,我阅读了《被压迫者教育学》,爱上了他对批判意识的讨论,也喜欢上了他对教师、学生和世界这三者之间应该形成何种关系的探讨。

你认为基于弗莱雷理论的大学今天应是什么模样？

我认为它会包含这样的开放空间：人与人之间相互接触，分析发生在世界各地的事件，研究各种与压迫和不平等抗争的方式，消除种族主义、阶级歧视、性别歧视、不平等和资本主义。它应该是自由的！对每个人开放。它应该以有必要建立并强化与批判意识相关的立场、观点和思想为指引，与他人合作，促进必要的社会政治变革，超越自我思维。它应该是一个人性化的、文化上丰富多彩的学术空间。

你可以描述弗莱雷的工作是如何并在多大程度上影响了研究吗？

迄今，弗莱雷仍在不断地促使学者考虑，在关于教育的讨论中有必要对身份和场所的复杂情形做更精细的分析；他鼓励我们批判地看问题，尤其是当我们在社区环境中与其他人合作、力图解决普遍性的不平等问题之时。他还把研究置于日常范围之内——日常的现实、生活、居住条件、抗争和人民的希望——使得研究接近我们研究中的合作对象、写作对象和伙伴。由此，研究不只是发表文章和出版著作，而是书写可以根本性地改变世界以使世界变得更加美好的新的存在方式。

如果学生只能从阅读《被压迫者教育学》过程中学到一样东西，你希望这样东西会是什么？

我希望会是这一点：弗莱雷(1971)的坚定主张，即我们要努力消除压迫制度，"以便(学生)可以成为'自为存在'"，而不是相反，学生被迫"'融'入压迫结构"。我相信，他致力于对压迫制度进行改造，他指向的是一切制度——我们具体生活其中的中小学、大学以及政治制度。该著作也提到，我们有必要团结一心，使世界产生革命性变革和改造世界。

彼得·梅奥(Peter Mayo)

马耳他共和国马耳他大学

请介绍一下你的背景和当前的专业领域。

我在马耳他长大,我在那里当过几年兼职新闻记者。在加拿大艾伯塔大学和多伦多大学安大略教育研究院完成研究生学业之后,我先从事教学工作并最终开启了学术生涯。我的专业是教育社会学,方向是成人教育,我也参与大学的外联发展项目(outreach developing projects),这些项目立足于能激发社区成员想象力,也因而植根于大众意识的问题和纪念活动。

你最初是如何读到弗莱雷的《被压迫者教育学》的?

在艾伯塔埃德蒙顿开始读研究生时,我就有机会阅读了《被压迫者教育学》,该书对我无疑是一个意外的发现。该著作所蕴含的许多见解和内容,对我理解先前在马耳他执教时的背景必不可少。这包括臣属性(subalterneity)、殖民遗产、相对贫困、阶级问题(包括语言问题)以及与种族主义有关的问题。(我们的学校里有非洲裔马耳他学生,在那个年代,马耳他社会远没有像近些年那样变成了一个多种族的社会。)

你认为基于弗莱雷理论的大学今天应是什么模样?

这样的大学所提供的制度和教育应被视为公共产品而非消费品。在这样的大学里,社区参与至关重要。在这样的大学里,学习的起点是学生的生存情境,而知识是来源于社区并在社区内加以研究的主题集

(thematic complexes)。在这样的大学里,讲授这一传播模式被合作探究所取代。教师、学生和社区成员共同参与,就各种问题展开辩论,问题的提出方式能激发"认识论好奇心",而且,他们把这些问题作为集体探究的对象。

你可以描述弗莱雷的工作是如何并在多大程度上影响了研究吗?

弗莱雷对研究产生的最大影响可见之于被称作参与行动研究(Participatory Action Research)的方法。这是一种集体式的研究方法,社区成员接受帮助,来研究影响他们自身生活和周围生活的问题。我认为,关于研究伦理,弗莱雷有许多东西可以告诉我们。对于其生活和问题正在被研究的人该如何真正参与决定研究议程和研究过程,弗莱雷也为我们提供了许多可资借鉴的东西。他们会从对整个研究过程的共同参与以及对研究成果的共同分享中受益。这一研究过程和成果应有助于改进他们的生活方式。这是一种信守价值的努力,证实了研究选择和研究目的符合知识和研究并非中立这一观点。简而言之,这种研究不仅易于解读世界,而且主要有助于改变世界。

你可以描述弗莱雷的工作是如何并在多大程度上影响了教育吗?

弗莱雷激励着许多人从等级式的、师长制的教学模式转向更加民主的方法。这种方法基于教师的民主权威,但不至于滑向权威主义。他还激励教育工作者承认教育和知识的政治属性,回避中立性的借口,最重要的是,他强调了学习的集体性质,强调有必要从学生各不相同的生存情境出发,并迈向更高层次的学习与知识。

彼得·麦克拉伦(Peter McLaren)

美国查普曼大学

请介绍一下你的背景和当前的专业领域。

我在多伦多的简—芬奇走廊(Jane-Finch Corridor)当过小学老师,这是加拿大的一个公共住宅区,以高犯罪率出名。因成功地为工人阶级移民提供了教育,我赢得了来之不易的声誉。

之后,我申请了多伦多大学教育领域的博士项目并被录取。其间,我出版了我在当小学老师时写的日记。我把它起名为《来自走廊的呐喊》(*Cries from the Corridor*),该书在1980年成了加拿大的畅销书。在完成了令人精疲力竭的全国售书旅行之后,我开始自我反思这样一个事实,即《来自走廊的呐喊》极度缺乏一个可帮助读者理解我课堂里的那些学生所承受的暴力和疏离的理论框架。数十年来,让进步主义和激进教育工作者同样感到痛心的是,教育部门显然没有不遗余力地在全国范围内推行认真的教育改革,从而为逃避严肃质疑教育在再造资本主义国家权力和特权的不对称关系方面所发挥的作用提供了毫无新意的借口,我担心我的书不足以帮助深化对资本主义学校教育的理解。为了纠正教育官员的蓄意冷漠和改进我还没有充分构思好的理论重心,我开始跨学科阅读书籍,从早期对乔叟(Chaucer)、贝奥武夫(Beowulf)、莎士比亚(Shakespeare)和布莱克(Blake)等的兴趣,转向把知识社会学、人类学、批判理论和符号学等内容结合在一起。我花时间去听米歇尔·福柯(Michel Foucault)、安伯托·艾柯(Umberto Eco)和厄内斯特·拉克劳(Ernesto Laclau)以及其他访问学者的课程。1984

年,我终于毕业,获得博士学位,但仍感觉还有太多的东西要学。

我的博士论文以《作为仪式表演的学校教育》(*Schooling as a Ritual Performance*)一书出版。令我兴奋不已的是,亨利·吉鲁(Henry Giroux)教授同意为此书作序。亨利成了我的人生导师,邀请我作为研究教授到俄亥俄迈阿密大学与他一起工作。亨利把我介绍给他最好的朋友之一唐纳多·马塞多,我从他那里了解了很多有关保罗·弗莱雷及其著作的情况。亨利安排我在1985年与保罗见了面,我很惊喜地——确切地说,很震惊地——得知,保罗早已熟知我的工作。事实上,他喜欢把我称作是"智力表亲",视我为其教育学家庭的一员。在接下来的几年里,他豪爽地为我的两本书作序,并为我的第三本书背书。在之后直到他去世的岁月里,他对我厚爱有加,对我在进行中的、在北美——以及后来主要在拉美和亚洲——语境下发展批判教育的计划也是倍加关注。

你最初是如何读到弗莱雷的《被压迫者教育学》的?

我还是多伦多大学博士生的时候就读了《被压迫者教育学》。该书并不在我同学的必读书目上,但我那些持激进观点的朋友视其为必读书,所以我就结合当时在读的其他教育学者和社会政治理论学者的著作,也一并阅读了这本书。保罗的著作因与我作为学生和教育工作者的生活经历紧密相关而显得与众不同,而且尤为如此。它帮助我加深了对实践的理解,也让我领悟到有必要先参与社会斗争,然后回到理论和哲学工作之中,以达到澄清并深化对这些经历的理解的目的。

你认为弗莱雷会如何看待他的理论在今天的运用?

弗莱雷的著作在如此众多的领域产生了如此巨大的影响,它已成为对抗种种盛行的社会和政治健忘症的强力解药,成为对抗常伴在各社会基础暴力左右的动机性遗忘的强大武器。我认为,弗莱雷会满心谦卑地感激这一点。但我也相信,他会对自诩是弗莱雷学派但实际上使其著作通俗化的教育方法感到不满。

你认为基于弗莱雷理论的大学今天应是什么模样?

北美背景下基于弗莱雷理论的大学,应该以消除经济不平等和压迫社会关系为中心。压迫社会关系与性态（sexuality）、年龄、种群、性别（gender）、白人至上和权力的殖民性（coloniality）等相关，这些都以不同的方式与不平等地拥有资本相关联，也与资本主义价值生产本身及与之相伴的剥削、疏离和抽象逻辑有关。要纠正这种对资本的不平等拥有，不能靠新古典经济学概念模式下的更快速的增长率，而只能靠通过社会主义的解决办法来超越资本主义。基于弗莱雷理论的大学将涉及公共部门的再造，工作场所的民主化，致力于参与性、直接民主模式的公共委员会的创建，种族、阶级和性别对立的消除，以及革命批判人文精神的建立。这种革命批判人文精神超越私有财产的界限，致力于建立由参与式学习者和自由联合的劳动者组成的社区，共同投身于捍卫真正的全球共同利益。

你可以描述弗莱雷的工作是如何并在多大程度上影响了研究吗？

弗莱雷的著作对批判教育的产生和不断发展产生了十分重要的影响。批判教育赖以建构的理论体系，与弗莱雷的著作和更广泛地强调实践的批判社会理论相关联。批判教育领域最近拓展到包括革命批判教育学在内的范围，试图通过实践哲学，又重新回到马克思主义的认识论根基。实践哲学的主要驱动力来自马克思、黑格尔和人文主义哲学家。弗莱雷研究的影响力可见之于神学、扫盲、作文研究、文学研究、应用语言学、社会学、人类学和政治哲学等领域。他的著作使如此多的领域相互影响，这是成就真正去殖民化的希望教育学以及自我改造、社会改造的跨学科影响力的明证。

如果学生只能从阅读《被压迫者教育学》中学到一样东西，你希望这样东西会是什么？

这将是他们不会仅从阅读保罗·弗莱雷中学到一样东西，而是会意识到，他们的日常生活本身往往具有教育内涵，进而同时又具有政治意义，挑战我们对穷人、对悲惨的人以及对无依无靠的人所担负的义务，增强我们在本体论和认识论方面的清晰理解能力，并挑战我们对建设一个更美好世界的承诺，远离不必要的情感疏离和人类苦难。

马戈·冈泽-雷伊(Margo Okazawa-Rey)

美国旧金山州立大学、美国菲尔丁研究生大学

请介绍一下你的背景和当前的专业领域。

我的主要工作领域——教学、研究和社会活动——侧重在军国主义、军事冲突以及针对妇女的暴力。我研究了军国主义、经济全球化以及对生活和工作在美国军事基地周围的韩国当地妇女和移民妇女的影响这三者之间的联系。我与尼日尔三角洲地区、加纳、塞拉利昂和利比里亚的妇女活动人士一起组织女权主义活动人士研究方法培训会。我把大众教育用之于社区环境,举办反种族主义和多元文化研习班,也将大众教育引进我的本科生和研究生课程。

你最初是如何读到弗莱雷的《被压迫者教育学》的?

20 世纪 70 年代后期,美国波士顿的一小群女权主义活动人士开始一起阅读《被压迫者教育学》并从中学习。他们努力去领会并创建各种激进方法,以便理解、践行并宣教女权主义者的口号"个人即政治"(the personal is political)。还有什么方法比从弗莱雷身上学到的观点更好呢? 在这之前,我们并未意识到,女权主义者意识提升(consciousness-raising)团体是基于弗莱雷的著作,或至少无意中与之相关。他的文字有点晦涩难懂,我们时而也会对"他"(he)(him)、"人"(men)这样的充满男性主义色彩的语言提出异议。尽管如此,我们没有半途而废——让我们受益匪浅。

你认为弗莱雷会如何看待他的理论在今天的运用？

20世纪80年代，我很荣幸能与弗莱雷本人见面，他的朴实和单纯给我留下了深刻印象。所以，我相信，对世界各地的广大教育工作者广泛使用他的著作，他会喜出望外。对他的关键观点遭到曲解和贬抑，他也会感到很担心和沮丧。这些关键的观点，例如从学生的经历出发——阅读世界以阅读文字——到类似于"以学生为中心"之类的技术性概念。这一概念的意思已变成了"你们学生可以在学什么方面有某种发言权，但我们教师仍然控制着课程"。也许更重要的是，在为小学生、中学生和大学生提供的公共教育走向日益机械化的教学环境的道路上，弗莱雷一直反复阐述的教育所具有的解放目的被抛到了一边。

弗莱雷会非常乐见他的著作被应用到类似于他最初开始的地方——包括像美国这样的"发达国家"在内的世界各地的农村地区——那里的农民和工人阶级，不管有没有读写能力，都在学习去分析、理解和改变压迫他们并使他们边缘化的状况。

你认为基于弗莱雷理论的大学今天应是什么模样？

基于弗莱雷理论的大学在今天会是一个自相矛盾的说法。横扫了大多数大学的新自由主义和保守主义力量造成了目前同样的伤害，不管如何改头换面。可以忠实地运用和推进弗莱雷工作的最激进的教育场景，既包括非正规场景，也包括如大学这样的正规场景。我把非正规场景称之为"自由空间"，包括激进主义运动；而在大学里，面对如此严重而可怕地塑造我们生活的物质和社会条件，我们可以在一起教与学，并认识到我们共同的命运，无论我们是被压迫者还是压迫者，是主导者还是从属者，是发声者还是沉默者。

你可以描述弗莱雷的工作是如何并在多大程度上影响了研究吗？

我最熟悉的解放方法论——强调男女平等和去殖民化——植根于弗莱雷、女权主义以及本土的认识论和研究方法。弗莱雷的理论是如何被有创造性和有说服力地运用到这两方面的，对此我已有所体验。

原英文版(1970)前言

理查得·肖尔

这些年来,巴西教育家保罗·弗莱雷的思想和著作逐渐从巴西的东北部传遍了整个美洲大陆,不仅在教育领域产生了深远影响,而且对争取国家发展的整体斗争也影响至深。正当被剥夺了应有权利的拉美大众从惯常的冷漠中惊醒过来,并渴望以主体(Subjects)身份参与到国家发展之中时,保罗·弗莱雷改进了教育文盲的方法,为这一过程作出了卓越的贡献。事实上,在学习读和写的过程中,那些获得了新的自我意识并开始批判性地看待自己社会处境的人,常常会主动参与改造那个剥夺了他们参与机会的社会。教育再次成为一种颠覆性的力量。

在这个国家,保罗·弗莱雷的著作正为越来越多的人所知,但到目前为止,我们看到的主要是他对第三世界成人扫盲教育的贡献。但是,如果再深入思考一下,我们也许就会发现,他的教育哲学及方法论不仅对那些被剥夺了应有权利的拉美穷人是重要的,其实对我们也是同样重要的。他们争取成为自由的主体并参与社会改造的斗争,在很多方面不仅与这个国家里黑人和墨西哥裔美国人的斗争相仿,而且与美国中产阶级青年的斗争类似。发展中国家开展的这场斗争所具有的尖锐性和剧烈程度,也许会为我们在面对自己的处境时提供新见解、新模式和新希望。正因如此,我认为《被压迫者教育学》英语版的出版具有标志性的意义。

保罗·弗莱雷的思想体现了他的创造性心灵与敏感良知对生活周围被压迫者所遭受的极端困苦和磨难所作出的反应。弗莱雷 1921 年出生于累西腓市，这是第三世界里贫穷和不发达情况最为糟糕的中心区域。他出生后不久就不得不直接体验这种现实情况。随着 1929 年美国爆发的经济危机开始波及巴西，弗莱雷出生的中产阶级家庭原本就不怎么稳固的稳定性荡然无存，他发现自己与其他的"人间的不幸者"一样处在困境之中。这对他的生活产生了深远的影响，他尝到了饥饿带来的痛苦，学业上也开始拖后腿，因为饥饿使他无精打采。这也使他在十一岁的时候就发誓要终身与饥饿作斗争，而其他孩子未必就知道他当时所遭受的苦难是什么滋味。

他从小就过着穷人一般的生活，这也使他发现了无依无靠者身上普遍存在的所谓"沉默文化"（culture of silence）。他逐渐认识到，他们的无知和冷漠是整个经济、社会和政治控制局面的直接产物，而无依无靠者都是其受害者。他们不被鼓励，也没能力去认识和应对所处世界的具体现实，而是"淹没"（submerged）在一种事实上不可能出现批判意识和反应的状态之中。他也逐渐清楚地认识到，整个教育体系是维护这种沉默文化的主要手段之一。

弗莱雷对这一问题有着切身的体会，他把注意力转向教育领域，并开始投身于教育工作。在之后的岁月里，他潜心研究和反思，在教育哲学方面形成了富有创造性的新主张。他直接投身于解放人的斗争，旨在创造新世界。据此，他不断借鉴不同境遇中和持不同哲学立场的人的思想和经验：用他的话来说，他广泛涉略"萨特（Sartre）和穆尼耶（Mounier），埃里希·弗罗姆（Erich Fromm）和路易斯·阿图塞（Louis Althusser），奥特加·伊·加塞特（Ortega y Gasset）和毛泽东，马丁·路德·金（Martin Luther King）和切·格瓦拉（Che Guevara），乌纳穆诺（Unamuno）和马尔库塞（Marcuse）等的思想"。他充分吸收这些人的见解，形成了一种真正属于自己并且能真正回应拉美具体现实的教育观点。

1959 年，他在累西腓大学所做的博士论文中首次表述了他对教育哲学的想法。他的这些想法见诸他后来担任该大学教育历史与哲学教授时所出版的著作，也见诸他在累西腓市所进行的扫盲教育的早期实验。他提出的方法在整个巴西东北部的扫盲运动中被天主教人士及其他人广泛使用。他的方法被认为对旧秩序构成了严重威胁，因此，1964 年军事政变后，弗莱雷即被捕入狱。七十天后，他被释放，并被逐离巴西。弗莱雷流亡智利，并在那里为联合国教科文组织和智利农业改革研究院工作了五年，从事成人教育项目工作。之后，他担任哈佛大学教育学院的顾问，并与多个在农村和城市地区开展新型教育实验的团体紧密合作。他目前担任位于日内瓦的世界基督教教会联合会(World Council of Churches)教育事务办公室的特别顾问。

弗莱雷用葡萄牙语和西班牙语写过许多文章，他的第一本书《作为自由实践的教育》于1967年在巴西出版。他最新也是最完整的著作——《被压迫者教育学》——是他第一部在这个国家(美国)出版的著作。

在这篇简短的序言中，要试图用几段话来概述作者用很多笔墨来表达的内容，这显然没有意义。这会是对他丰富、深刻、复杂的思想的不敬。不过，以见证人的角度来说几句，这或许符合情理。作为一名亲历者，我要说明我为什么会觉得与保罗·弗莱雷的思想进行对话是一段令人兴奋的不同寻常的经历。现如今，学术界充斥着大量抽象而缺乏独创性的智力成果。我对此深感厌烦，所以，我对一种完全立足于历史语境下的反思过程感到兴奋。这种反思贯穿于力图建立新的社会秩序的过程，因此它代表着一种理论与**实践**的全新结合。当我看到保罗·弗莱雷，一个处在他这样地位的人，试图去重新发现知识分子的人性化使命，并展示思想的力量，去打破公认的种种限制，为全新的未来开辟道路，我深感振奋。

弗莱雷之所以能做到这一点，是因为他的行动是基于这样一个基本的假设：人的本体使命(他如是说)就是要成为一个作用于世界并改造世界的主体，唯其如此，才会不断有新的可能使个体和群体生活更完整、更丰富。人所关联的**世界**不是一个静态的和封闭的秩序，即人必须接受和适应的**已知**现实；相反，这是一个有待处理和解决的问题。世界是人借以创造历史的材料。这是人在消除特定时空中的非人性化境况并创造全新世界时所要担负的一项使命。在弗莱雷看来，我们西方世界的先进技术为当下实现这一使命提供了资源，但是迫使我们否定现行秩序并证明历史并没有终结的社会愿景则主要来自第三世界人民的苦难和斗争。

除此之外，弗莱雷也深信(现由广阔的经验背景为支撑)，无论一个人有多么"无知"，也不论一个人被"沉默文化"淹没得有多深，他都可以通过与他人的对话式相遇来批判性地看待这个世界。如果个体在这种对话式相遇中掌握了合适的工具，他就能逐步感知个人现实和社会现实及其中的矛盾，就可以意识到自己对这一现实的感知，也就可以批判性地去对待这一现实。在这一过程中，那种老式的、家长式的师生关系得到了改变。一个农民可以比一名从外面请来的"教师"更有效地帮助邻居推进这一过程。"人以世界为媒介来相互教育。"

随着这一切的发生，语言便产生了新的力量。语言不再是抽象概念，也不再是魔法，而是人在命名周围事物的过程中借以发现自己并发掘潜能的手段。正如弗莱雷所说，每个人又重新赢得了**说出自己的话语**，也即**命名世界**的权利。

当目不识丁的农民参与此种教育体验时，他就会逐渐萌生新的自我意识，产生全新的尊严感，也能激发出全新的希望。在上了几堂课以后，农民经常会用令人印象深刻的话语把这些发现表达出来："我现在认识到了，我是一个人，一个受过教育的人。""我们原来是瞎子，而现在我们睁开了眼睛。""在这之前，字词对我毫无意义，而现在字词对我说话，我也可以让字词说话了。""我们从今往后再也不会是合作农场里的行尸走肉了。"当这一切发生在学会阅读的过程之中时，人就会发现他们是文化的创造者，而且他们的工作都可以是充满创造性的。"我工作，我通过工作改造世界。"随着被完全排挤在社会边缘的人得到如此翻天覆地的改变，他们再也不会愿意只充当客体，只会被动回应发生在周围的变化。他们更有可能决定投身于改变迄今一直服务于压迫他们的社会结构的斗争。正因为如此，一位研究国家发展的杰出的巴西学者最近断言，在人民之中开展这种形式的教育工作，代表了社会变革和发展的新因素，"是第三世界崭新的行为工具，借助这一工具，第三世界可以摆脱传统的社会结构并进入现代世界"。

初看起来，保罗·弗莱雷在拉丁美洲教育文盲的方法似乎属于一个不同于我们自己所处的世界。当然，主张要把这套方法照搬到这里来是荒谬的。但两种情景所具有的某些相似之处不容忽视。我们这个技术先进的社会在迅速地使我们中的大多数人变成客体，并在不知不觉中使我们严格地遵从这种制度逻辑。就实际情况来说，我们也是在慢慢地被淹没在一种新的"沉默文化"之中。

自相矛盾的是，使我们陷入此种局面的相同技术，同时也为正在发生的事情带来新的敏感性。特别是在年轻人中间，新媒体的出现以及陈旧的权威观念的消蚀，为他们对这种新束缚产生敏锐意识开辟了途径。年轻人觉察到，他们要说出自己话语的权利已从他们身上被偷走，鲜有东西比夺回这种权利的斗争更重要。而且，他们还认识到，今天的教育体系——从幼儿园到大学——是他们的敌人。

　　世界上不存在所谓**中立的**教育过程这样的东西。教育要么充当用以促进年轻一代融入并遵从现行制度逻辑的手段，**要么**就变成"自由的实践"，即人借以批判性和创造性地对待现实并发现如何参与世界改造的手段。要构建一种有助于促进这一过程的教育方法，就不可避免地会导致我们社会内部的紧张和冲突。但这将有助于新人（new man）的培养，也标志着西方历史上一个新时代的开始。对于矢志不渝投身于此项使命且在探寻可用于实验的观念和工具的人而言，保罗·弗莱雷的思想在今后的岁月里会作出重要的贡献。